Mischkulturen im Gemüsegarten

Stocker

Umschlaggestaltung: DSR | Werbeagentur Rypka GmbH, 8143 Dobl/Graz, www.rypka.at

Bildnachweis:
Cover: großes Bild: © B&G Média/Jardin de Fanny; kleine Bilder: © Jean-Jacques Raynal
Innenteil:
© B&G Média: S. 4, 5, 21 o, 29 re, 40, 45 li, 53, 55, 80, 89, 92, 96, 97, 99, 103, 105, 108–109
© B&G Média/Jardin de Fanny: S. 6, 84–85
© Sandra Lefrançois: S. 10, 29 li, 34, 44, 48, 72, 73, 86, 88, 106
© Thomas Alamy: S. 18–19, 20, 24, 27, 28, 30, 35, 39, 43, 46, 47, 59, 61, 68
© Antoine Bosse-Platière: S. 25, 54
© Jean-Paul Thorez: S. 38, 95
© Jean-Jacques Raynal: S. 8–9, 12, 14, 15, 17, 23, 26, 31, 36, 37, 41, 42, 50–51, 52, 57, 58, 60, 62, 63, 64, 65, 66, 67, 69, 70, 71, 74, 75, 76, 77, 78, 79, 81, 82, 83, 90, 101

Titel der französischen Originalausgabe: J'associe mes cultures ... et ça marche ! by Claude Aubert
© by Terre vivante, Mens, France, 2015
ISBN 978-2-36098-168-7

Aus dem Französischen übertragen von Johanna Steigenberger, MA

Bibliografische Information der Deutschen Nationalbibliothek
Die Deutsche Nationalbibliothek verzeichnet diese Publikation in der Deutschen Nationalbibliografie; detaillierte bibliografische Daten sind im Internet über http://dnb.d-nb.de abrufbar.

Hinweis:
Dieses Buch wurde auf chlorfrei gebleichtem Papier gedruckt. Die zum Schutz vor Verschmutzung verwendete Einschweißfolie ist aus Polyethylen chlor- und schwefelfrei hergestellt. Diese umweltfreundliche Folie verhält sich grundwasserneutral, ist voll recyclingfähig und verbrennt in Müllverbrennungsanlagen völlig ungiftig.

Auf Wunsch senden wir Ihnen gerne kostenlos unser Verlagsverzeichnis zu:
Leopold Stocker Verlag GmbH
Hofgasse 5/Postfach 438, A-8011 Graz
Tel.: +43 (0)316/82 16 36
Fax: +43 (0)316/83 56 12
E-Mail: stocker-verlag@stocker-verlag.com
www.stocker-verlag.com

ISBN 978-3-7020-1653-1

Repro: DSR | Werbeagentur Rypka GmbH, 8143 Dobl/Graz, www.rypka.at
Druck und Bindung: Christian Theiss GmbH, 9431 St. Stefan, Printed in Austria

MIX
Papier aus verantwortungsvollen Quellen
FSC® C012536

BioGarten PRAXIS

Mischkulturen im Gemüsegarten

Claude Aubert

Leopold Stocker Verlag
Graz – Stuttgart

Inhalt

Vorwort

Pflanzen, die sich „gut verstehen", nebeneinander zu setzen, ist eine Praxis, die Hobbygärtner oft und gerne anwenden. Besonders im Bio-Garten wird viel mit Mischkultur gearbeitet – gute Pflanzenpartnerschaften sind schließlich ein effizientes Mittel, Schädlingsbefall und Krankheiten zu reduzieren und die Erträge zu erhöhen.

Es gibt bereits viele Gartenratgeber zum Thema. Im Hinblick auf günstige Pflanzenkombinationen gehen die Meinungen der Autoren jedoch bisweilen auseinander – was uns Hobbygärtnern die Sache nicht unbedingt einfacher macht! Oft fehlen zudem Ratschläge zur praktischen Umsetzung, ganz besonders, wenn es um den besten Saatzeitpunkt oder um passende Saatabstände geht.

Auch die Wissenschaft beschäftigt sich mit der Mischkultur, die Effizienz unterschiedlicher Pflanzenkombinationen wurde und wird in zahlreichen Studien analysiert und beurteilt. Die Ergebnisse allerdings decken sich nicht immer mit den Beobachtungen der Gärtner. Wie soll man sich da bloß noch zurechtfinden?

Dieses Buch will Theorie und Praxis verbinden – Erfahrungswerte einerseits und wissenschaftliche Erkenntnisse andererseits sollen Aufklärung bringen.

Gleich vorweg aber lässt sich sagen: Pflanzengemeinschaften funktionieren nicht wie mathematische Gleichungen – eine Pflanzengemeinschaft kann in einem Garten wunderbare Ergebnisse bringen, in einem anderen aber sprichwörtlich kaum Früchte tragen. Klima, Bodenbeschaffenheit, Bodenfruchtbarkeit, die gewählten Sorten, aber auch der Saatzeitpunkt können das Ergebnis ganz maßgeblich beeinflussen.

Die Lösung: ausprobieren und beobachten! Wir stellen in diesem Buch 25 Pflanzengemeinschaften vor, die sich bewährt haben. Dazu finden Sie alle Hinweise, Kniffe und Tricks, die Sie für ein gutes Gelingen brauchen – die besten Voraussetzungen für den Erfolg im eigenen Garten!

Die vielen Vorteile der Mischkultur

~ Pflanzengemeinschaften
~ Was die Forschung sagt

Mais und Kürbis werden in vielen Ländern der Welt miteinander angebaut.

Pflanzengemeinschaften

Eine sehr alte Tradition

In der Landwirtschaft, aber auch im Garten ist es bei uns üblich, Pflanzen Sorte für Sorte einzeln in Parzellen anzubauen. In der traditionellen Landwirtschaft bildet diese Form der Bodenbewirtschaftung hingegen oft eher die Ausnahme – überall auf der Welt arbeiten Landwirte stattdessen mit Mischkultur, sie setzen Pflanzen scheinbar willkürlich nebeneinander. Der französische Dokumentarfilm „Good Food Bad Food – Anleitung für eine bessere Landwirtschaft" von Coline Serreau zeigt einen indischen Biobauern, der auf 1,8 Hektar mehrere Dutzend Pflanzen anbaut – in einem wilden Durcheinander, wie man meinen könnte. Er ernährt von dieser Fläche nicht nur das ganze Jahr über seine 15-köpfige Familie, sondern kann einen Teil der Ernte auch noch verkaufen. In Afrika finden wir in Hausgärten Gemeinschaften unterschiedlichster essbarer Pflanzen. In Mexiko und anderen Teilen Südamerikas hat die Milpa, ein System eines gemeinsamen Anbaus von Mais, Bohnen und Kürbissen, eine lange Tradition.

Mischkultur und moderne Landwirtschaft

Die moderne Landwirtschaft hat die Mischkultur abgeschafft und arbeitet stattdessen mit der

Monokultur, einem System, bei dem pro Parzelle nur eine einzige Pflanzensorte angebaut wird. Das hat zwei Gründe:

- Die **Landwirtschaftstechnik** ist nicht auf Mischkultur ausgerichtet.
- **Pestizide**, wie sie in der konventionellen Landwirtschaft verwendet werden, müssen immer auf die jeweilige Kultur abgestimmt werden. Kohl, Tomaten und Karotten, zum Beispiel, werden unterschiedlich behandelt.

Die einzigen, die auf Feldern manchmal Pflanzen in Mischkultur anbauen, sind die Bio-Landwirte. Meist kombinieren sie Getreide (Weizen, Gerste, Hafer) und Leguminosen (Ackererbse, Ackerbohne), Ziel ist die Tierfütterung.

Für die Bewirtschaftung mit Maschinen ist ein **streifenweise alternierender Anbau** eine gute Lösung. Zwei Kulturen – zum Beispiel Mais und Soja – werden dabei abwechselnd in Streifen nebeneinander gesät. Die Streifenbreite richtet sich nach der Erntetechnik, die zum Einsatz kommen soll. Auf diese Weise lassen sich maschinelle Ernte und Mischkultur also auch verbinden.

Mischkultur im Bio-Garten

Die Bio-Gärtner haben der Mischkultur zu neuem Ruhm verholfen. In vielen Büchern rund um den Themenbereich Bio-Garten widmet man sich der Frage nach guten und schlechten Pflanzengemeinschaften. Die Ratschläge orientieren sich an der Erfahrung der jeweiligen Autoren und fallen oft unterschiedlich aus, gewisse Parallelen aber lassen sich erkennen. Die ersten Publikationen zur Mischkultur kommen aus der biodynamischen Landwirtschaft, der erste Artikel zum Thema erschien 1943 im Magazin *Biodynamics Journal Summer*. Dort werden einige Beispiele für günstige und ungünstige Partnerschaften genannt, es wird aber nicht immer erläutert, woher dieses Wissen stammt. Auf diese Quelle griffen viele spätere Autoren zurück, ergänzten die Liste oder änderten sie ab, wenn eigene Beobachtungen oder die Wissenschaft andere Ergebnisse brachten.

In der biodynamischen Landwirtschaft dienen Pflanzengemeinschaften vor allem dazu, Angriffen durch Schädlinge und Krankheiten Einhalt zu gebieten. Ein Klassiker ist die Partnerschaft Lauch/Karotte, die den Befall durch Lauchmotte und Möhrenfliege eindämmen soll. In Gartenratgebern herrscht über diese Wirkung Einigkeit. Gärtner allerdings konnten sie nicht immer beobachten. Ob eine Partnerschaft den gewünschten Erfolg bringt, hängt eben von unterschiedlichen Faktoren ab: Boden, Klima, Saatzeit, Intensität des Befalls etc.

Gärtner verwenden Pflanzenpartnerschaften auch, um **Erträge zu steigern**, den **Unkrautwuchs zu kontrollieren** sowie aus **ästhetischen Gründen** – Formen und Farben zu kombinieren, schenkt dem Gemüsegarten manchmal genau jenen Abwechslungsreichtum, der ihm sonst oft so fehlt. Durch die Miteinbeziehung von Blumen, zum Beispiel der Ringelblume, verbinden wir das Nützliche mit dem Angenehmen.

In Mischkultur können Pflanzen Sonnenenergie besser aufnehmen.

Was die Forschung sagt

Mit dem Thema Mischkultur haben sich schon viele Forscher befasst: Sie wollten ihren Sinn und Nutzen prüfen, herausfinden, welche Partnerschaften die effektivsten sind, und ihre Erkenntnisse begründen und erklären. Mehrere Hundert von Aufsätzen entstanden auf diese Weise in den letzten vierzig Jahren, der Großteil von ihnen wurde in wissenschaftlichen Zeitschriften veröffentlicht.

Die einzige Partnerschaft, die von der Wissenschaft wirklich detailliert untersucht wurde, ist jene zwischen Getreide (vor allem Mais) und Leguminosen. Allerdings finden wir auch zum Thema Gemüseanbau wissenschaftliche Beiträge zu mehr als achtzig Experimenten, die meisten von ihnen von außerhalb Europas. In einem Großteil dieser Studien werden positive Effekte festgestellt, besonders im Hinblick auf die Ertragsmengen, aber auch in Bezug auf Krankheiten, Schädlinge und Unkrautwuchs (*siehe S. 116*). Warum wird also nicht mehr Gemüse in Mischkultur angebaut?

Eine bessere Nutzung der Sonnenenergie

Der größte Vorteil der Mischkultur, der in Büchern zum Bio-Gärtnern allerdings nur selten Erwähnung findet, ist, dass sie es den Pflanzen ermöglicht, die Sonnenenergie besser zu nutzen. Um pflanzliches Gewebe – also Blätter, Stängel, Wurzeln und Früchte – zu entwickeln, wenden die Pflanzen einen Mechanismus an, der so effizient ist wie kaum ein anderer in der Natur: die **Photosynthese**.

Die meisten Elemente, aus denen sie aufgebaut sind, entziehen die Pflanzen dem Boden: Stickstoff, Phosphor, Kalium, Spurenelemente. Diese Stoffe machen aber nur einige Prozent ihres Gewichts aus – mengenmäßig viel bedeutender sind **Wasserstoff**, **Sauerstoff** und **Kohlenstoff**. Letzteren beziehen die Pflanzen aus der Atmosphäre, wo er in Form von Kohlendioxid (CO_2) vorhanden ist. Pflanzen gelten aus diesem Grund auch als Kohlenstoffspeicher. Mit Hilfe von Sonnenenergie verbinden sich bei der Photosynthese Kohlenstoff, Wasserstoff und Sauerstoff zu Kohlenhydraten, dann zu Lipiden (Fettstoffen) und schließlich, mit Hilfe von Stickstoff, zu Proteinen. Schlüssel zu dieser Synthese ist der grüne Farbstoff **Chlorophyll**.

Wie viel Biomasse eine Pflanze in einer bestimmten Zeit produzieren kann, hängt natürlich von den Nährstoffen im Boden ab, aber nicht nur: Wichtig ist auch, wie viel Sonnenenergie sie erhält. Dies wiederum bestimmt die Blattoberfläche – je größer sie ist und je mehr Blätter eine Pflanze besitzt, desto mehr Biomasse kann sie produzieren. Für ein Maximum an Ertrag sollte also – theoretisch – alles Sonnenlicht von der Pflanze aufgenommen werden und kein einziger Strahl auf den Boden fallen. Dieser Zustand wird selten erreicht, wir streben ihn aber an (– zumindest meistens: Eine Ausnahme ist der Frühlingsbeginn, wenn der Boden sich rasch aufwärmen soll).

Das beste Mittel, um dieses Ziel zu erreichen, ist es, Pflanzen mit unterschiedlicher Entwicklungsgeschwindigkeit auf einer Parzelle gemeinsam gedeihen zu lassen.

Jede Pflanzenart hat ihr individuelles Wurzelsystem.

Eine bessere Aufnahme der Nährstoffe aus dem Boden

Jede Pflanzenart hat ihr individuelles Wurzelsystem. Bei einigen Gemüsearten, etwa Karotte, Pastinake oder Schwarzwurzel, reichen die Wurzeln bis zu einem Meter oder mehr in den Boden hinein, bei anderen wiederum liegen sie nahe der Oberfläche. Wenn wir **flach- und tiefwurzelnde Pflanzen kombinieren**, können wir ihnen dabei helfen, den Boden optimal auszunutzen und die Nährstoffe daraus besser zu assimilieren: Stickstoff, Phosphor, Kalium, Magnesium und Spurenelemente.

Studien haben gezeigt, dass manche Partnerschaften eine bessere Verwertung von Phosphor ermöglichen – vielleicht gilt das auch für

andere Nährstoffe. Schnell wachsende mit langsam wachsenden Pflanzen zu kombinieren, führt außerdem zu einer rascheren Durchwurzelung des Bodens.

Weniger Schädlingsbefall und Krankheiten

Ein großes Ziel der Mischkultur ist es, den Befall durch Insekten und pathogene Pilze zu reduzieren. Dies geschieht auf unterschiedliche Weise:

- Der Befall ist in der Mischkultur kleinräumiger und örtlich begrenzt.
- Einige Pflanzen ziehen Insekten an, die für andere Pflanzen Schädlinge sind. Diese werden dadurch weniger befallen.
- Der Geruch einiger Pflanzen wehrt Schädlinge ab oder verwirrt sie (zum Beispiel in der Kombination Basilikum/Tomaten).
- Einige Pflanzen überdecken ihre Partnerpflanze mit ihrem Geruch und schützen sie so (dieser Effekt kommt besonders im Gewächshaus zum Tragen).
- Einige Pflanzen begünstigen die Vermehrung von Nützlingen.
- Der Boden wird rascher und vollständiger abgedeckt, sodass der Entstehung von Unkraut vorgebeugt werden kann. Es gibt Pflanzen, die dabei helfen können, die Schäden einzudämmen, die durch bestimmte Schädlinge und Krankheiten entstehen. Wissenschaftlich bewiesen wurde diese Wirkung bei Ringelblume, Studentenblume (*Tagetes patula*), Aufrechter Studentenblume (*Tagetes erecta*), Basilikum, Knoblauch und Zwiebel.

Die Ringelblume hält viele Schädlinge fern und reduziert Krankheitsbefall.

Eine bessere Speicherung von Stickstoff

Niedrige Erträge sind sehr häufig auf Stickstoffmangel zurückzuführen. Es empfiehlt sich daher sehr, eine Leguminose (Hülsenfrucht) in die Mischkultur zu integrieren. Zahlreiche Studien belegen, dass die Kombination Mais/Leguminosen unter den richtigen Umständen (Reihenabstände, Zeitpunkt der Aussaat) zu einer Ertragssteigerung von 50 % oder sogar mehr führen kann (*siehe S. 110*). Die Mechanismen, die dazu führen, sind komplex; auf welche Weise die Partnerpflanzen den in den Leguminosen gebundenen Stickstoff verwerten, ist bisher kaum bekannt. Eine Vermutung ist, dass die umliegenden Pflanzen den Stickstoff aufnehmen, der entsteht, wenn Wurzelteile der Leguminose absterben. Die Mykorrhizapilze, eine symbiotische Verbindung aus Bodenpilzen und Pflanzenwurzeln, scheinen außerdem eine wichtige Rolle zu spielen. 5 bis 50 % von deren Stickstoffzufuhr schenkt eine Leguminose ihrer Partnerpflanze.

Pflanzen besser anordnen

Wie bedeutend die richtige Anordnung der Pflanzen in der Mischkultur ist, wurde in zahlreichen wissenschaftlichen Versuchen belegt. Der Großteil der Studien kommt zu dem Schluss, dass Pflanzen **abwechselnd in Reihen** angebaut werden sollten – eine Reihe Gemüse (z. B. Mais), dann eine Reihe einer anderen Pflanze (z. B. einer Leguminose). Diese Anordnung bringt aber nicht immer die besten Ergebnisse: Leguminosen, die zwischen zwei Reihen Mais angebaut werden, erhalten in der Regel nicht genug Licht – der Reihenabstand muss also vergrößert werden, was wiederum zu einer Ertragsminderung führt. Viel effizienter ist es, **in Zweierreihen** anzubauen (zwei Reihen Gemüse, zwei Reihen Leguminosen).

Mehr Ertrag

Es ist gar nicht so einfach, Monokultur und Mischkultur hinsichtlich ihrer Ertragsmengen miteinander zu vergleichen. Wenn wir zum Beispiel Tomaten und Gurken in Mischkultur anbauen und die Effizienz dieser Kombination bemessen wollen – wie stellen wir das an? Vergleichen wir den Ertrag aus der Mischkultur mit jenem, der auf derselben Fläche in Monokultur möglich gewesen wäre?
Als Antwort auf diese Frage haben Forscher ein Messinstrument entwickelt, die *Land Efficiency Ratio* (*LER*). Diese gibt an, wie viel zusätzliche Fläche notwendig wäre, um dieselbe Ertragsmenge in Monokultur zu produzieren. Die LER der Pflanzengemeinschaft Tomaten/Gurken liegt bei 1,25. Das bedeutet: Um dieselbe Menge Tomaten und Gurken in Monokultur herzustellen, bräuchte man um 25 % mehr Fläche. Liegt die LER also bei über 1 – das ist bei den allermeisten Pflanzenpartnerschaften der Fall – dann ist die Mischkultur im Vergleich zur Monokultur effizienter.

Die Mischkultur bringt oft höhere Erträge.

Die richtigen Partner wählen

- ~ Auswahlkriterien
- ~ Die wichtigsten Gemüse und ihre besten Partner
- ~ Einige große Klassiker

Auswahlkriterien

Auf der Suche nach den besten Pflanzenkombinationen ist es oft gar nicht so einfach, sich zurechtzufinden. Um Ihnen die Orientierung zu erleichtern, werden wir auf den kommenden Seiten eine Reihe an Empfehlungen auflisten. Unsere Tipps basieren auf unserer eigenen Erfahrung, Ratschlägen aus den besten Gartenratgebern und Ergebnissen aus der wissenschaftlichen Forschung. Sie werden sehen: Sehr häufig decken sich die Erfahrungen aus der Praxis mit jenen aus der Wissenschaft. Es gibt aber auch Ausnahmen, Fälle, in denen der Gärtner selbst entscheiden muss. Aber wie?

Die Auswirkungen auf Schädlinge und Krankheiten

Die Wirkung auf Schädlinge ist für viele Gärtner das wichtigste Kriterium, wenn es darum geht, Pflanzenpartnerschaften auszuwählen. Es gibt allerdings nur sehr wenige Kombinationen, die in dieser Hinsicht wirklich effizient sind. Ob der gewünschte Effekt eintritt, hängt stark von den lokalen Gegebenheiten ab – das Beispiel Karotte/Lauch (*siehe S. 48*) macht das deutlich sichtbar. Viel effizienter gegen Schädlinge als eine Kombination aus zwei Gemüsearten ist die Präsenz einer nicht essbaren Pflanze, zum Beispiel der Ringelblume oder Studentenblume. Säen Sie sie zwischen den Gemüsepflanzen oder am Rand des Beetes.

Schädlingsbefall zu reduzieren hat für viele Gärtner oberste Priorität.

Kreuzblütler und Korbblütler – zwei Familien, die sich großartig kombinieren lassen.

Die botanischen Familien

In einem Punkt sind alle Gartenratgeber sich einig: Pflanzen aus derselben Familie sollten nicht miteinander kombiniert werden. Ganz klar, denn solche Pflanzen ziehen oft dieselben Schädlinge an, sind für dieselben Krankheiten anfällig. Ein Klassiker ist der Falsche Mehltau, der alle Nachtschattengewächse befallen kann.

Pflanzenfamilien beim Gemüse

Mittagsblumengewächse (Aizoaceae): Neuseeländer Spinat.

Doldenblütengewächse (Doldenblütler, Apiaceae): Karotte, Sellerie, Kerbel, Fenchel, Pastinake, Petersilie.

Korbblütengewächse (Korbblütler, Asteraceae): Artischocke, Endivie, Kopfsalat, Löwenzahn, Haferwurzel, Zichorie (Chicorée, Zuckerhut etc.), Schwarzwurzel, Topinambur.

Kreuzblütengewächse (Kreuzblütler, Brassicaceae oder Cruciferae): Kohl, Brunnenkresse, Speiserübe, Radieschen, Rucola.

Gänsefußgewächse (Chenopodiaceae): Gartenmelde, Rote Bete, Mangold, Spinat.

Kürbisgewächse (Cucurbitaceae): Gurke, Kürbis, Zucchini, Melone.

Hülsenfrüchte (Leguminosen, Fabaceae): Ackerbohne, Grüne Bohne, Linse, Erbse, Klee.

Liliengewächse (Liliaceae): Knoblauch, Spargel, Schnittlauch, Schalotte, Zwiebel, Lauch.

Süßgräser (Poaceae): Mais.

Rosengewächse (Rosaceae): Erdbeere.

Nachtschattengewächse (Solanaceae): Kartoffel, Tomate, Paprika, Chili, Aubergine.

Physische Voraussetzungen

Wie bereits erwähnt (*siehe S. 14*), ist es ratsam, Pflanzen mit unterschiedlich angelegten Wurzelsystemen zu kombinieren, also Tiefwurzler mit Flachwurzlern. Derselbe Ratschlag gilt für die Pflanze als Ganze: Wuchsgeschwindigkeit, Höhe, Bedürfnisse etc. Auf den folgenden Seiten finden Sie einige Tabellen, die Ihnen als Hilfestellung dienen sollen. Beachten Sie, dass die Zahlen aber abhängig von der Bodenbeschaffenheit, -fruchtbarkeit und -aktivität variieren können.

Wuchsgeschwindigkeit

Oft ist es sinnvoll, eine rasch wachsende Gemüseart, die wenig Platz benötigt, mit einer oder mehreren langsamer wachsenden Gemüsearten zu kombinieren. Der Klassiker ist die Kombination Kopfsalat/Kohl.

Vegetationszeit zwischen Saat* bzw. Anpflanzung und Ernte

Kurze Vegetationszeit (1 bis 3 Monate)	Mittlere Vegetationszeit (3 bis 4 Monate)	Lange Vegetationszeit (mehr als 4 Monate)	
Kopfsalat*	Erbse	Ackerbohne	Mais
Radieschen	Grüne Bohne	Aubergine	Mangold
Rucola	Karotte (Frühsorten)	Endivie	Neuseeländer Spinat
	Kartoffel (Frühsorten)	Erdbeere	Paprika, Chili
	Rote Bete (Frühsorten)	Fenchel	Pastinake
	Speiserübe	Gurke	Rote Bete (Spätsorten)
	Spinat	Karotte (Spätsorten)	Sellerie
	Zucchini	Kartoffel (Spätsorten)	Tomate
		Knoblauch	Zwiebel
		Kohl	
		Kürbis	
		Lauch	

* Ausgehend vom Saatzeitpunkt verlängert sich die Vegetationszeit um 3 bis 4 Wochen.

Kohl und Kopfsalat haben eine unterschiedlich lange Vegetationszeit.

Wurzeltiefe

Wenn wir tiefwurzelnde mit flachwurzelnden Gemüsearten kombinieren wollen, dann müssen wir uns mit den Wurzelsystemen der Pflanzen befassen. Informationen dazu finden wir selten in Gartenratgebern.

In der nachfolgenden Tabelle können Sie zum Beispiel erkennen, dass Zucchini oder Spinat sich mit Mangold oder Gurke kombinieren lassen. Die Pflanzen in der mittleren Spalte können sowohl mit Tief- als auch mit Flachwurzlern kombiniert werden.

Lauch und Mangold besitzen konträr angelegte Wurzelsysteme.

Maximale Wurzeltiefe der wichtigsten Gemüse

Flachwurzler (8 bis 45 cm)	Mitteltiefwurzler (45 bis 90 cm)	Tiefwurzler (über 90 cm)
Erdbeere	Blumenkohl	Ackerbohne
Feldsalat (unter 20 cm)	Brokkoli	Artischocke
Fenchel	Endivie	Aubergine
Knoblauch	Grüne Bohne	Erbse
Kohl	Karotte	Gurke
Kopfsalat	Kartoffel	Kürbis (je nach Sorte)
Lauch	Kürbis (je nach Sorte)	Mangold
Neuseeländer Spinat	Mais	Pastinake
Radieschen (unter 20 cm)	Paprika, Chili	Sonnenblume
Rucola	Rosenkohl	Spargel
Spinat	Rote Bete	
Zwiebel	Sellerie	
	Speiserübe	
	Tomate	
	Zucchini	

Pflanzenhöhe

In der Mischkultur kann es von Interesse sein, Partnerschaften aus hochwachsenden und niedrigwachsenden oder bodendeckenden Gemüsearten zu bilden, also zum Beispiel Mais mit Kürbis oder Tomate mit Gurke zu kombinieren.

Pflanzenhöhe der wichtigsten Gemüse

Niedrige Pflanzen	Mittelhohe Pflanzen	Hohe Pflanzen
Endivie	Ackerbohne	Artischocke
Erdbeere	Aubergine	Erbse (rankende)
Gurke (außer rankende)	Brokkoli	Mais
Kopfsalat	Buschbohne	Rosenkohl
Kürbis	Erbse (nicht rankende)	Spargel
Löwenzahn	Fenchel	Stangenbohne
Neuseeländer Spinat	Karotte	Tomate
Radieschen	Kartoffel	
Rote Bete	Kohl	
Rucola	Knoblauch	
Speiserübe	Lauch	
Spinat	Mangold	
Zucchini	Paprika, Chili	
	Pastinake	
	Sellerie	
	Zwiebel	

Kombinieren Sie Kulturen unterschiedlicher Wuchshöhe (hier Stangenbohnen mit Mangold).

Nährstoffbedarf

Gärtner wissen: Starkzehrende Gemüse, Kürbisgewächse zum Beispiel, schätzen eine ausgiebige, stickstoffreiche Bio-Düngung. Andere hingegen, etwa Zwiebel oder Knoblauch, lehnen zu intensiv gedüngte Böden ab. Wir können dieses Kriterium nicht immer beachten – seine Bedeutung wird manchmal auch überschätzt –, wenn es aber möglich ist, dann ist es gut, darauf Rücksicht zu nehmen.

Die Speiserübe ist ein Schwachzehrer, sie benötigt wenig Dünger.

Nährstoffbedarf

Schwachzehrer	Mittelzehrer	Starkzehrer
Ackerbohne	Endivie	Artischocke
Chicorée	Erdbeere	Aubergine
Erbse	Karotte	Fenchel
Feldsalat	Kopfsalat	Gurke
Gartenmelde	Mangold	Kartoffel
Grüne Bohne	Pastinake	Kohl
Knoblauch	Rote Bete	Kürbis
Radieschen	Rucola	Lauch
Rosenkohl		Mais
Schalotte		Neuseeländer Spinat
Speiserübe		Paprika und Chili
Zwiebel		Sellerie
		Spargel
		Spinat
		Tomate
		Zucchini

Platzbedarf

Der Gärtner sollte den Platzbedarf einer jeden Pflanze kennen, um den idealen Pflanz- und Reihenabstand wählen zu können. Wir wären ja manchmal dazu verführt, die Abstände zu verringern, um mehr Gemüsepflanzen anbauen zu können. Die Pflanzen konkurrieren dann aber um Nährstoffe oder stören einander – der Ertrag wird auf diese Weise manchmal sogar geringer, manchmal leidet die Qualität.

Die Artischocke benötigt viel Platz.

Benötigter Reihenabstand

Geringer Abstand (unter 35 cm)	Mittlerer Abstand (35 bis 55 cm)	Großer Abstand (über 55 cm)
Chicorée und andere Zichoriensalate (Radicchio, Zuckerhut etc.)	Ackerbohne	Artischocke
Feldsalat	Aubergine	Erbse (rankende)
Fenchel	Buschbohne	Gurke
Haferwurzel/Schwarzwurzel	Endivie	Kardone
Karotte	Erbse (nicht rankende)	Kürbis
Kopfsalat	Erdbeere	Spargel
Lauch	Kartoffel	Stangenbohne
Pastinake	Knoblauch	Tomate
Perlzwiebel	Kohl	Zucchini
Portulak	Küchenzwiebel	
Rote Bete	Mais	
Rucola	Mangold	
Speiserübe	Paprika	
Spinat	Sellerie	
	Topinambur	

Die wichtigsten Gemüse und ihre besten Partner

Auf den kommenden Seiten finden Sie eine Auflistung von Gemüsearten mit Angaben zu günstigen Partnerschaften, wobei wir hier nur jene anführen, über die wir als Autoren Informationen haben und die in unseren Breiten gerne angebaut werden. Zweifellos gibt es noch viele „unentdeckte" Partnerschaften, deren Effizienz erst geprüft werden muss. Wenn wir „+ Ertrag" angeben, dann bezieht sich das immer auf den Gesamtertrag der gemeinsam angebauten Pflanzen.

Knoblauch

Liliengewächse
Pflanzung: November oder März/April
Vegetationszeit: 6 bis 8 Monate
Wurzeln: oberflächlich
Höhe: mittelhoch
Ansprüche: schwachzehrend

- **Günstige Kombinationen:** Tomate und Kopfsalat (einhellig), Erdbeere, Karotte.
- **Ungünstige Kombinationen:** andere Liliengewächse (Zwiebel, Schalotte, Lauch), Erbse, Grüne Bohne, Ackerbohne, Artischocke.

Was sagt die Wissenschaft?

Partnerpflanze	Nutzen	Methode
Kohl	– Schädlinge	Reihenweise abwechselnd
Blumenkohl, Brokkoli	+ Ertrag	2 Reihen Knoblauch, 2 Reihen Kohl
Gurke	+ Ertrag, positive Wirkung auf die Bodenaktivität	1 Reihe Gurken, 2 Reihen Knoblauch
Kopfsalat	+ Ertrag	Reihenweise abwechselnd
Erbse	+ Ertrag	Reihenweise abwechselnd
Kartoffel	Weniger Blattlausbefall	Reihenweise abwechselnd
Tomate	+ Ertrag, Qualitätssteigerung bei den Tomaten	1 Reihe Knoblauch, 2 Reihen Tomate

+ = mehr; – = weniger

Artischocke und Spargel werden sehr selten in Mischkultur angebaut.

Artischocke

Korbblütengewächse
Pflanzung: April
Vegetationszeit: mehrjährige Pflanze
Wurzeln: tiefwurzelnd
Höhe: hoch
Ansprüche: starkzehrend

Als mehrjährige Pflanze wird die Artischocke selten in Mischkultur angebaut.

- **Günstige Kombinationen:** Kohl, Lauch, Kopfsalat, Spinat, Grüne Bohne, Erbse, Ackerbohne, Endivie.
- **Ungünstige Kombinationen:** Knoblauch.

Spargel

Liliengewächse
Pflanzung: März/April
Vegetationszeit: mehrjährige Pflanze
Wurzeln: tiefwurzelnd
Höhe: hoch
Ansprüche: sehr starkzehrend

Als mehrjährige Pflanze wird der Spargel selten in Mischkultur angebaut.

- **Günstige Kombinationen:** Kartoffel, Tomate.
- **Ungünstige Kombinationen:** andere Liliengewächse (Knoblauch, Zwiebel, Schalotte, Lauch).

Aubergine

Nachtschattengewächse
Pflanzung: Mitte April bis Anfang Juni
Vegetationszeit: 5 bis 6 Monate
Wurzeln: tiefwurzelnd
Höhe: mittelhoch
Ansprüche: starkzehrend

- **Günstige Kombinationen:** Grüne Bohne, Erbse, Ringelblume, Studentenblume. Die Aubergine ist eine botanisch nahe Verwandte des Paprikas. In der Mischkultur mögen sie dieselben Partner.
- **Ungünstige Kombinationen:** andere Nachtschattengewächse (Tomate, Paprika, Chili, Kartoffel etc.).

Was sagt die Wissenschaft?

Partnerpflanze	Nutzen	Methode
Grüne Bohne	+ Ertrag	Reihenweise abwechselnd
Aufrechte Studentenblume	– Nematoden (Fadenwürmer)	Reihenweise abwechselnd oder die Pflanzen innerhalb der Reihen abwechseln

Die Aubergine sollte nicht mit anderen Nachtschattengewächsen kombiniert werden.

Rote Bete

Gänsefußgewächse
Pflanzung: April bis Juni
Vegetationszeit: 4 bis 6 Monate
Wurzeln: mitteltief
Höhe: niedrig
Ansprüche: mittelzehrend

- **Günstige Kombinationen:** Kopfsalat, Kohl, Rucola, Pastinake.
- **Ungünstige Kombinationen:** andere Gemüse aus der Familie der Gänsefußgewächse (Spinat, Mangold, Gartenmelde), Tomate, Lauch.

Was sagt die Wissenschaft?

Partnerpflanze	Nutzen	Methode
Weiß- oder Rotkohl	+ Ertrag	Reihenweise abwechselnd
Rucola	+ Ertrag	1 Reihe Rucola, 2 Reihen Mangold oder Rote Bete

Die Rote Bete versteht sich z. B. mit Kopfsalat, Kohl und Pastinake.

Mangold

Gänsefußgewächse
Pflanzung: April bis Mai
Vegetationszeit: 4 bis 6 Monate
Wurzeln: mitteltief
Höhe: mittelhoch
Ansprüche: mittelzehrend

- **Günstige Kombinationen:** viele Gemüsearten, darunter Grüne Bohne, Zwiebel und Sellerie. Manche Autoren raten auch zu Lauch, Speiserübe und Kohlrabi.
- **Ungünstige Kombinationen:** Spinat, Gartenmelde, Rote Bete.

Mangold und Grüne Bohne verstehen sich gut.

Karotte

Doldenblütengewächse
Pflanzung: April bis Juni
Vegetationszeit: 4 bis 6 Monate (je nach Sorte)
Wurzeln: mitteltief
Höhe: mittelhoch
Ansprüche: mittelzehrend

- **Günstige Kombinationen:** viele Gemüsearten, besonders Liliengewächse (Lauch, Knoblauch, Zwiebel, Schalotte etc.), aber auch Paprika und Chili. Die Kombination Karotte/Lauch verringert den Befall durch Lauchmotte und Möhrenfliege (– mit unterschiedlich hohem Erfolg, *siehe S. 48*). Studentenblume und Ringelblume wirken abstoßend auf die Möhrenfliege. Die Kombination mit Kopfsalat wird einhellig positiv beurteilt.
- **Ungünstige Kombinationen:** Dill, Mais, Pastinake.

Was sagt die Wissenschaft?

Partnerpflanze	Nutzen	Methode
Kopfsalat	+ Ertrag	Reihenweise abwechselnd
Zuckermais	+ Ertrag	1 Reihe Mais, 2 Reihen Karotte
Studentenblume, Ringelblume	Weniger Befall durch Möhrenfliege und Nematoden	Reihenweise abwechselnd
Rucola	+ Ertrag	Reihenweise abwechselnd
Klee	Weniger Befall durch Möhrenfliege und Pythium (Wurzelfäule), erhöhte Stickstoffzufuhr	Klee zwischen den Karottenreihen breitwürfig säen

Sellerie

Doldenblütengewächse
Pflanzung: Mai/Juni
Vegetationszeit: 4 bis 5 Monate
Wurzeln: mitteltief
Höhe: mittelhoch
Ansprüche: starkzehrend

- **Günstige Kombinationen:** Lauch, Mangold, Kürbis und Fenchel.
- **Ungünstige Kombinationen:** Pastinake, Karotte, Mais.

Was sagt die Wissenschaft?

Partnerpflanze	Nutzen	Methode
Lauch	+ Ertrag – Unkrautbefall	Reihenweise abwechselnd
Gurke	+ Ertrag	Reihenweise abwechselnd

Endivie

Korbblütengewächse
Pflanzung: April bis August (je nach Sorte)
Vegetationszeit: 4 bis 6 Monate (je nach Sorte)
Wurzeln: mitteltief
Höhe: niedrig
Ansprüche: mittelzehrend

- **Günstige Kombinationen:** Rucola (einjährig), Spinat, Blumenkohl, Erdbeere.
- **Ungünstige Kombinationen:** andere Korbblütengewächse (Artischocke, Kopfsalat, Löwenzahn, Schwarzwurzel, Topinambur etc.), Speiserübe.

Was sagt die Wissenschaft?

Partnerpflanze	Nutzen	Methode
Karotte	+ Ertrag	Reihenweise abwechselnd
Perlzwiebel	+ Ertrag	Reihenweise abwechselnd
Erbse	+ Ertrag	Reihenweise abwechselnd
Rucola	+ Ertrag	Reihenweise abwechselnd

Was ist Chicorée?

Der Chicorée (*Cichorium intybus* var. *foliosum*) ist die jüngste Züchtung aus der Gruppe der Zichoriensalate – das sind die Kulturformen der Gemeinen Wegwarte (Zichorie; *Cichorium intybus*). Der Chicorée, eigentlich die ausgetriebene Blattknospe der Zichorienwurzel, wird im Oktober geerntet und muss lichtgeschützt zum Bleichen gelagert werden.

Botanisch ident mit dem Chicorée sind andere Kulturformen der Zichorien wie Zuckerhut, Radicchio oder Blattzichorien.
Die Zichoriensalate sind botanisch mit der Endivie verwandt (*Cichorium endivia*). Man unterscheidet glatte oder krause Endivien – Eskariol- bzw. Frisée-Endivien – sowie Schnittendivien.

Kohl

Kreuzblütengewächse
Pflanzung: April bis Anfang Oktober (je nach Sorte und Klima)
Vegetationszeit: 4 bis 6 Monate
Wurzeln: flachwurzelnd oder mittlere Wurzeltiefe
Höhe: mittelhoch
Ansprüche: starkzehrend

- **Günstige Kombinationen:** viele Gemüsearten, vor allem Tomate und Kopfsalat, aber auch Paprika, Chili, Endivie, Rote Bete oder Pastinake.
- **Ungünstige Kombinationen:** andere Kreuzblütengewächse (Radieschen, Rucola, Speiserübe etc.), Gurke, Fenchel, Feldsalat, Mais, Lauch, Erdbeere.

Was sagt die Wissenschaft?

Kohlsorte	Partnerpflanze	Nutzen	Methode
Brokkoli	Kopfsalat	+ Ertrag	1 Reihe Kopfsalat, 2 Reihen Brokkoli; Brokkoli je auf 50 x 45 cm und Kopfsalat im Abstand von 30 cm
	Erbse, Grüne Bohne, Kartoffel	+ Ertrag	Reihenweise abwechselnd
Weiß- oder Rotkohl	Knoblauch	– Psylla (Blattsauger) und – Thripse (Fransenflügler)	Reihenweise abwechselnd
	Spinat	+ Ertrag	Reihenweise abwechselnd
	Kopfsalat, Grüne Bohne	+ Ertrag	1 Reihe Kopfsalat oder Grüne Bohne, 2 Reihen Kohl
	Studentenblume, Ringelblume	– Großer Kohlweißling und Kleine Kohlfliege	1 Reihe Blumen, 2 Reihen Kohl
	Lauch, Zwiebel, Knoblauch	+ Ertrag; – Schädlinge	Reihenweise abwechselnd (effizienter) oder Pflanzen innerhalb der Reihen abwechseln
	Erbse, Grüne Bohne	+ Ertrag; bessere Stickstoffbindung	1 Reihe Grüne Bohne oder Erbse, 2 Reihen Kohl
	Radieschen	+ Ertrag	Reihenweise abwechselnd
	Tomate, Kopfsalat, Rote Bete, Grüne Bohne, Lauch	+ Ertrag	Reihenweise abwechselnd
Blumenkohl	Bockshornklee, Ringelblume	+ Ertrag	1 Reihe Bockshornklee, 2 Reihen Blumenkohl
	Fenchel	+ Ertrag	Reihenweise abwechselnd
	Grüne Bohne, Kopfsalat, Zwiebel, Radieschen	+ Ertrag (mit Grüner Bohne und Kopfsalat)	Blumenkohl auf je 75 x 75 cm; 1 Reihe Partnerpflanze, 2 Reihen Blumenkohl
	Erbse	+ Ertrag	1 Reihe Erbse, 2 Reihen Blumenkohl
	Klee	– Großer Kohlweißling und Kleine Kohlfliege	Zeitpunkt für Kleesaat: 9 Tage vor Anpflanzung des Blumenkohls oder am selben Tag (+++) oder 9 Tage danach

Gurke

Kürbisgewächse
Pflanzung: Mai/Juni
Vegetationszeit: 5 bis 6 Monate
Wurzeln: tiefwurzelnd
Höhe: niedrig
Ansprüche: starkzehrend

- **Günstige Kombinationen:** Tomate, Mais, Kopfsalat und viele andere Gemüsearten.
- **Ungünstige Kombinationen:** andere Kürbisgewächse (Kürbis, Zucchini etc.)

Was sagt die Wissenschaft?

Partner-pflanze	Nutzen	Methode
Knoblauch, Zwiebel	+ Ertrag	1 Reihe Knoblauch oder Zwiebel, 2 Reihen Gurke
Amarant	– Schädlinge	Reihenweise abwechselnd
Spinat, Sellerie	+ Ertrag – Mottenschild-laus	Reihenweise abwechselnd
Kopfsalat	+ Ertrag	1 Reihe Gurke, 2 Reihen Kopfsalat
Tomate	+ Ertrag	1 Reihe Gurke, 2 Reihen Tomate
Wicke	+ Ertrag – Falscher Mehltau und Fusarium-Pilze (Gurkenwelke)	Reihenweise abwechselnd

Kopfsalat und Gurke (hier rankend) verstehen sich gut.

Kürbis, Sellerie, Amarant und Kosmee – ein tolles Team!

Kürbis und Zucchini

Kürbisgewächse
Aussaat: Mai/**Pflanzung:** Juni
Vegetationszeit: 4 bis 6 Monate
Wurzeln: tiefwurzelnd
Höhe: niedrig
Ansprüche: starkzehrend

- **Günstige Kombinationen:** vor allem Mais und Grüne Bohne, aber auch viele andere, z. B. Kohl, Sellerie, Kopfsalat, Erbse, Zwiebel.
- **Ungünstige Kombinationen:** andere Kürbisgewächse (Gurke, Melone etc.), Radieschen, Fenchel.

Was sagt die Wissenschaft?

Partnerpflanze	Nutzen	Methode
Ackerbohne	+ Ertrag	Reihenweise abwechselnd
Grüne Bohne	+ Ertrag	Reihenweise abwechselnd
Kopfsalat	+ Ertrag	Reihenweise abwechselnd
Mais	+ Ertrag	Reihenweise abwechselnd
Kartoffel	+ Ertrag	Reihenweise abwechselnd

Die Zucchini zählt wie der Patisson zur Art Gartenkürbis.
Weitere Arten sind Riesenkürbis (z. B. Hokkaido) oder Moschuskürbis (z. B. Butternuss).

Spinat

Gänsefußgewächse
Aussaat: März bis Juni und August/September
Vegetationszeit: 3 bis 5 Monate
Wurzeln: flachwurzelnd
Höhe: niedrig
Ansprüche: starkzehrend

- **Günstige Kombinationen:** fast jedes Gemüse. Die Anbaumethode der Reihenmischkultur nach Gertrude Franck sieht vor, systematisch eine Reihe Spinat zwischen zwei Reihen einer beliebigen anderen Gemüseart anzubauen; ein Teil des Spinats dient dabei als Gründünger.
- **Ungünstige Kombinationen:** Rote Bete und Mangold (– sie gehören zur selben Familie).

Was sagt die Wissenschaft?

Partnerpflanze	Nutzen	Methode
Blumenkohl, Weiß- oder Rotkohl	+ Ertrag	1 Reihe Spinat, 2 Reihen Kohl
Kartoffel	+ Ertrag	Reihenweise abwechselnd
Radieschen	+ Ertrag	Reihenweise abwechselnd

Der Spinat lässt sich mit fast allen Gemüsearten kombinieren.

Fenchel

Doldenblütengewächse
Aussaat: April bis Mai
Pflanzung: Mai bis Juni
Vegetationszeit: 4 bis 5 Monate
Wurzeln: flachwurzelnd
Höhe: mittelhoch
Ansprüche: starkzehrend

- **Günstige Kombinationen:** Sellerie (einhellig).
- **Ungünstige Kombinationen:** Tomate (einhellig), Kohl, Grüne Bohne, Erbse, Kürbis, Zucchini, Pastinake.

Was sagt die Wissenschaft?

Partnerpflanze	Nutzen	Methode
Blumenkohl	+ Ertrag	Reihenweise abwechselnd
Grüne Bohne	+ Ertrag	Reihenweise abwechselnd
Kartoffel	+ Ertrag	Reihenweise abwechselnd
Tomate	Unterschiedliche Ergebnisse	Reihenweise abwechselnd

Hier: Fenchel in Mischkultur mit Salat, Kohl und Schnittlauch

Ackerbohne

Hülsenfrüchte
Aussaat: Februar bis April
Vegetationszeit: 4 bis 6 Monate
Wurzeln: tiefwurzelnd
Höhe: mittelhoch
Ansprüche: schwachzehrend

- **Günstige Kombinationen:** fast jedes Gemüse (– die Ackerbohne liefert ihren Partnerpflanzen Stickstoff).
- **Ungünstige Kombinationen:** andere Hülsenfrüchte (Erbse, Grüne Bohne), Knoblauch, Zwiebel.

Was sagt die Wissenschaft?

Partner-pflanze	Nutzen	Methode
Basilikum	– Blattlaus	Einige Samen innerhalb der Reihe säen
Weiß- oder Rotkohl	+ Ertrag	Reihenweise abwechselnd
Kopfsalat	+ Ertrag	Reihenweise abwechselnd
Phacelia	– Blattlaus	Reihenweise abwechselnd

Die Ackerbohne ist ein sehr guter Stickstofflieferant.

Erdbeere

Rosengewächse
Pflanzung: Juli bis Oktober
Vegetationszeit: 1 bis 3 Monate
Wurzeln: oberflächlich
Höhe: niedrig
Ansprüche: mittelzehrend

- **Günstige Kombinationen:** Lauch, Knoblauch, Zwiebel, Kopfsalat, Endivie. Da sie sehr spät gesät wird, verträgt die Erdbeere sich gut mit Frühlingszwiebel oder Salat.
- **Ungünstige Kombinationen:** Kohl.

Was sagt die Wissenschaft?

Partnerpflanze	Nutzen	Methode
Ackerbohne	+ Ertrag	1 Reihe Ackerbohne, 2 Reihen Erdbeere
Grüne Bohne	+ Ertrag	1 Reihe Grüne Bohne, 2 Reihen Erdbeere
Kopfsalat	+ Ertrag	1 Reihe Kopfsalat, 2 Reihen Erdbeere
Zwiebel, Knoblauch	+ Ertrag	1 Reihe Zwiebel oder Knoblauch, 2 Reihen Erdbeere

Erdbeere und Salat mögen einander.

Grüne Bohne und Erbse

Hülsenfrüchte
Aussaat: April bis Juli (Grüne Bohne), Februar bis Mai (Erbse)
Vegetationszeit: 3 bis 4 Monate
Wurzeln: tiefwurzelnd
Höhe: mittelhoch (Buschbohnen), hoch (Stangenbohnen)
Ansprüche: schwachzehrend

- **Günstige Kombinationen:** Mais, Kartoffel und sehr viele andere Gemüsearten (Grüne Bohne und Erbse liefern ihren Partnerpflanzen Stickstoff).
- **Ungünstige Kombinationen:** Lauch, Knoblauch, Zwiebel, Schalotte, Fenchel, andere Hülsenfrüchte.

Was sagt die Wissenschaft?

Partnerpflanze	Nutzen	Methode
Knoblauch	+ Ertrag	1 Reihe Knoblauch, 2 Reihen Grüne Bohne oder Erbse
Blumenkohl	+ Ertrag	1 Reihe Blumenkohl, 2 Reihen Grüne Bohne oder Erbse
Kopfsalat	+ Ertrag	1 Reihe Kopfsalat, 2 Reihen Grüne Bohne oder Erbse
Zwiebel	+ Ertrag – Alternaria-Pilze und Thripse	1 Reihe Zwiebel, 2 Reihen Grüne Bohne oder Erbse

Der Mais kann der Grünen Bohne als Rankhilfe dienen.

Kopfsalat

Korbblütengewächse
Aussaat: März bis September
Vegetationszeit: 2 bis 3 Monate
Wurzeln: flachwurzelnd
Höhe: niedrig
Ansprüche: mittelzehrend

- **Günstige Kombinationen:** Kopfsalat wächst sehr rasch. Er wird typischerweise zwischen langsam wachsende Gemüsearten gesetzt, besonders Knoblauch, Kohl, Karotte, Erdbeere, Tomate, Grüne Bohne, Erbse und Gurke.
- **Ungünstige Kombinationen:** Mais (Zuckermais oder andere Sorten), Endivie.

Zuckermais

Süßgräser
Aussaat: Mai bis Juni
Vegetationszeit: 5 Monate
Wurzeln: mittlere Wurzeltiefe
Höhe: hoch
Ansprüche: sehr starkzehrend

- **Günstige Kombinationen:** Hülsenfrüchte (vor allem rankende Grüne Bohnen und Erbsen), Kürbis, Kartoffel, Gurke.
- **Ungünstige Kombinationen:** Kopfsalat, Zwiebel, Karotte, Kohl.

Der Kopfsalat passt zu vielen Gemüsearten.

Was sagt die Wissenschaft?

Partnerpflanze	Nutzen	Methode
Karotte, Spinat	+ Ertrag	1 Reihe Mais, 2 Reihen Karotte oder Spinat
Grüne Bohne, Erbse etc.	+ Ertrag	1 Reihe Mais, 2 Reihen Erbse oder Grüne Bohne
Paprika	+ Ertrag – Falscher Mehltau und Blattlausbefall beim Paprika	Reihenweise abwechselnd

Speiserübe

Kreuzblütengewächse
Aussaat: März bis August
Vegetationszeit: 3 bis 4 Monate
Wurzeln: mittlere Wurzeltiefe
Höhe: niedrig
Ansprüche: schwachzehrend

- **Günstige Kombinationen:** Erbse, Grüne Bohne und viele andere Gemüsearten.
- **Ungünstige Kombinationen:** andere Kreuzblütengewächse (Radieschen, Kohl, Rucola etc.), Endivie.

Die Speiserübe lässt sich mit vielen Gemüsearten kombinieren.

Zwiebel

Liliengewächse
Aussaat: März/April (Frühlingszwiebeln im August/September)
Vegetationszeit: 5 bis 6 Monate
Wurzeln: flachwurzelnd
Höhe: mittelhoch
Ansprüche: schwachzehrend

- **Günstige Kombinationen:** sehr viele Gemüsearten, besonders Karotte, Kopfsalat und Erdbeere.
- **Ungünstige Kombinationen:** Hülsenfrüchte (Grüne Bohne, Erbse, Ackerbohne), andere Liliengewächse (Knoblauch, Schalotte, Lauch), Mais.

Was sagt die Wissenschaft?

Partnerpflanze	Nutzen	Methode
Karotte	– Thripse	Reihenweise abwechselnd
Blumenkohl, Brokkoli	+ Ertrag	Reihenweise abwechselnd
Gurke	+ Ertrag Positive Wirkung auf die Bodenaktivität	Reihenweise abwechselnd
Kopfsalat	+ Ertrag	Reihenweise abwechselnd
Paprika	+ Ertrag	Reihenweise abwechselnd

Pastinake

Doldenblütengewächse
Aussaat: April/Mai
Vegetationszeit: 5 bis 7 Monate
Wurzeln: tiefwurzelnd
Höhe: mittelhoch
Ansprüche: mittelzehrend

- **Günstige Kombinationen:** Rote Bete, Kohl.
- **Ungünstige Kombinationen:** andere Doldenblütengewächse (Fenchel, Karotte, Petersilie, Dill etc.).

Chili

Siehe Paprika (*S. 44*)

Die Pastinake wurzelt tief.

Lauch

Liliengewächse
Pflanzung: März bis Mai (August für Wintersteckzwiebeln)
Vegetationszeit: 5 bis 6 Monate
Wurzeln: flachwurzelnd
Höhe: mittelhoch
Ansprüche: starkzehrend

- **Günstige Kombinationen:** Karotte (einhellig), Sellerie, Kohl, Artischocke, Erdbeere, Mangold.
- **Ungünstige Kombinationen:** andere Liliengewächse (Knoblauch, Zwiebel, Schalotte), Rote Bete, Kohl, Grüne Bohne, Erbse.

Was sagt die Wissenschaft?

Partner-pflanze	Nutzen	Methode
Karotte	+ Ertrag	Reihenweise abwechselnd
Kopfsalat	+ Ertrag	Reihenweise abwechselnd
Mais	+ Ertrag	Reihenweise abwechselnd
Kartoffel	+ Ertrag	Reihenweise abwechselnd
Tomate	+ Ertrag	Reihenweise abwechselnd
Klee	– Thripse	Zwischen den Lauchreihen breitwürfig säen

Erbse

Siehe Grüne Bohne (*S. 40*).

Paprika und Chili

Nachtschattengewächse
Pflanzung: Mai/Juni
Vegetationszeit: 5 Monate
Wurzeln: mittlere Wurzeltiefe
Höhe: mittelhoch
Ansprüche: starkzehrend

- **Günstige Kombinationen:** Kohl, Karotte, Studentenblume, Aufrechte Studentenblume (einhellig).
- **Ungünstige Kombinationen:** andere Nachtschattengewächse (Tomate, Aubergine, Kartoffel).

Was sagt die Wissenschaft?

Partner-pflanze	Nutzen	Methode
Knoblauch	+ Ertrag	1 Reihe Knoblauch, 2 Reihen Paprika
Dill, Aufrechte Studentenblume	+ Ertrag + Nützlinge (Schlupfwespen)	In den Reihen zwischen den Pflanzen säen
Karotte	+ Ertrag	1 Reihe Karotte, 2 Reihen Paprika
Kohl	+ Ertrag	Reihenweise abwechselnd
Grüne Bohne	+ Ertrag	1 Reihe Grüne Bohne, 2 Reihen Paprika
Zwiebel	+ Ertrag	1 Reihe Paprika, 2 Reihen Zwiebel
Tomate	+ Ertrag	Reihenweise abwechselnd
Klee	– Thripse	Zwischen den Reihen breitwürfig säen

Vermeiden Sie eine Kombination aus Paprika und anderen Nachtschattengewächsen.

Kartoffel

Nachtschattengewächse
Pflanzung: April/Mai
Vegetationszeit: 3 bis 5 Monate
Wurzeln: mittlere Wurzeltiefe
Höhe: mittelhoch
Ansprüche: starkzehrend

- **Günstige Kombinationen:** Hülsenfrüchte (Grüne Bohne, Erbse, Ackerbohne etc.), Mais (einhellig), Kohl, Spargel.
- **Ungünstige Kombinationen:** andere Nachtschattengewächse (Tomate, Paprika, Aubergine etc.)

Was sagt die Wissenschaft?

Partner-pflanze	Nutzen	Methode
Knoblauch	– Blattlaus	Reihenweise abwechselnd
Grüne Bohne	+ Ertrag	Reihenweise abwechselnd
Mais	+ Ertrag	Reihenweise abwechselnd
Tomate	+ Ertrag	Reihenweise abwechselnd

Kartoffeln und Kohl geben ein gutes Team.

Radieschen

Kreuzblütengewächse
Aussaat: März bis September
Vegetationszeit: 1 bis 1,5 Monate
Wurzeln: sehr oberflächlich
Höhe: niedrig
Ansprüche: schwachzehrend

- **Günstige Kombinationen:** Da es sehr rasch wächst, ist das Radieschen eine ideale Zwischenfrucht.
- **Ungünstige Kombinationen:** Kohl und andere Kreuzblütengewächse.

Das Radieschen wurzelt sehr nahe der Bodenoberfläche.

Rucola

Kreuzblütengewächse
Aussaat: März bis September
Vegetationszeit: 2 bis 3 Monate
Wurzeln: oberflächlich
Höhe: niedrig
Ansprüche: mittelzehrend

- **Günstige Kombinationen:** Rote Bete, Endivie, wenige Aufzeichnungen zu anderen Kombinationen.
- **Ungünstige Kombinationen:** andere Kreuzblütengewächse (Kohl, Radieschen, Speiserübe etc.).

Was sagt die Wissenschaft?

Partner-pflanze	Nutzen	Methode
Rote Bete	+ Ertrag	Reihenweise abwechselnd
Kopfsalat	+ Ertrag	Reihenweise abwechselnd
Glatte Endivie	+ Ertrag	Reihenweise abwechselnd

Ein kaum bekannter Salat

Der Rucola ist ein Salat, den wir in unserer Kulinarik noch nicht sehr lange kennen. In der Gartenliteratur findet er daher bisher nur selten Erwähnung.

Neuseeländer Spinat

Mittagsblumengewächse
Aussaat: Mai
Vegetationszeit: 3 bis 6 Monate
Wurzeln: flachwurzelnd
Höhe: niedrig
Ansprüche: starkzehrend

- **Günstige Kombinationen:** Tomate. Weil der Neuseeländer Spinat den Boden rasch bedeckt, ist er ein guter Partner für hochwachsende Gemüsearten.
- **Ungünstige Kombinationen:** keine Aufzeichnungen.

Der Neuseeländer Spinat kann ab dem Sommer bis in den späten Herbst geerntet werden.

Tomate

Nachtschattengewächse
Pflanzung: Mai/Juni
Vegetationszeit: 6 bis 7 Monate
Wurzeln: mittlere Wurzeltiefe
Höhe: hoch
Ansprüche: starkzehrend

- **Günstige Kombinationen:** Studentenblume, Kohl und Gurke (einhellig), Ringelblume, Knoblauch, Kopfsalat, Spargel, Neuseeländer Spinat.
- **Ungünstige Kombinationen:** andere Nachtschattengewächse (Kartoffel, Paprika, Aubergine etc.), Rote Bete, Fenchel.

Pflanzen Sie Studentenblumen unter Ihre Tomatenpflanzen.

Was sagt die Wissenschaft?

Partnerpflanze	Nutzen	Methode
Knoblauch	+ Ertrag Qualitätssteigerung bei den Tomaten	1 Reihe Knoblauch, 2 Reihen Tomate
Basilikum	+ Ertrag	1 Reihe Tomate, 2 Reihen Basilikum
Kohl	+ Ertrag – Kohlschabe (Kohlmotte)	Reihenweise abwechselnd
Gurke	+ Ertrag	Reihenweise abwechselnd
Kopfsalat	+ Ertrag	1 Reihe Kopfsalat, 2 Reihen Tomate oder umgekehrt. Gleichzeitig anpflanzen.
Mais	+ Ertrag	Reihenweise abwechselnd
Kartoffel	+ Ertrag	Reihenweise abwechselnd
Aufrechte Studentenblume	– Nachtfalter	Einige Pflanzen über das Beet verstreut anbauen
Weinraute	+ Ertrag	Einige Pflanzen über das Beet verstreut anbauen
Ringelblume	+ Ertrag – Alternaria-Pilze bei der Tomate	Einige Pflanzen über das Beet verstreut anbauen

Einige große Klassiker

Mais/Grüne Bohne/ Riesenkürbis

Die berühmten „drei Schwestern" – ein starkes Dreiergespann! Ausgezeichnete Ergebnisse bringt auch die Kombination aus Mais und Grüner Bohne (Stangenbohne) ohne den Kürbis. Ein wissenschaftlicher Versuch aus Äthiopien zeigte, dass die Partnerschaft um bis zu 70 % mehr Ertrag bringt als ein Anbau derselben Pflanzen in Monokultur. Mais und Bohnen wurden dabei am selben Tag in derselben Reihe gesät, der Reihenabstand betrug 75 cm. Wir haben allerdings festgestellt, dass es sinnvoller ist, mit der Aussaat der Bohnen zu warten, bis der Mais etwa 20 cm hoch ist, da die Bohnen schneller wachsen.
Die Partnerschaft Mais/Buschbohne ist ebenfalls sehr effektiv – der Ertrag kann um bis zu 50 % erhöht werden.

Tomate/Kohl – eine Kombination, die Gärtner und Wissenschaft empfehlen.

Der Mais im Fokus der Forschung

Auf dem Gebiet der Mischkultur ist der Mais die bei Weitem am besten erforschte Pflanze, besonderes Augenmerk erhalten die Partnerschaften mit Hülsenfrüchten. Ein Forscher der Universität Delhi, der sich mehrere Jahre mit der Kombination Mais/Grüne Bohne befasste, stellte fest, dass ein Anbau von 2 Reihen Mais/2 Reihen Bohnen in Mischkultur eine Ertragssteigerung von 50 % im Vergleich zur Monokultur einbrachte (außer der Anbauform wurde dabei nichts verändert). Viele weitere Versuche bestätigten dieses Ergebnis.

Karotte/Lauch

Zwar ist diese Partnerschaft, die in allen Gartenratgebern empfohlen wird, nicht immer so effektiv, wie behauptet wird. In der Schädlingsabwehr allerdings bringt sie gute Ergebnisse: Beide besitzen sie eine Art Schutzhülle gegen Insekten, sodass in der Kombination sowohl die Möhrenfliege als auch die Lauchmotte fernbleiben. Lauch und Karotte gemeinsam anzubauen, lohnt sich also.

Kartoffel/Erbse oder Grüne Bohne

Kaum bekannt, aber wirkungsvoll: Die Hülsenfrucht liefert ihrer Partnerin, der Kartoffel, eine willkommene Dosis Stickstoff.

Tomate/Kohl

Diese Partnerschaft wird in allen Gartenratgebern empfohlen – sie bringt mehr Ertrag und hält die Kohlschabe (Kohlmotte) fern. Diese Wirkung wurde wissenschaftlich bestätigt.

Tomate/Knoblauch

Die Partnerschaft Tomate/Knoblauch findet sowohl in der Wissenschaft als auch in Gartenratgebern häufig Erwähnung, sie scheint eine optimale Flächennutzung zu ermöglichen.

Kohl/Kopfsalat

Ein Klassiker: Mit Kopfsalat kann die Fläche zwischen den Kohlpflanzen ausgenutzt werden, bis dieser voll entwickelt ist.

Radieschen oder Kopfsalat/die meisten Gemüsearten

Mit ihrer kurzen Vegetationszeit sind der Kopfsalat und – ganz besonders – das Radieschen ideale Zwischenfrüchte.

Endivie/Rucola

Nicht nur wegen seines Nährstoffreichtums (Flavonoide, Senfölglucoside, Carotinoide, Vitamin K), auch wegen seines angenehm würzig-herben Geschmacks sollte der Rucola regelmäßig auf den Tisch kommen. In drei wissenschaftlichen Publikationen wird angeraten, ihn mit Endivie, Kopfsalat oder Roter Bete zu kombinieren.

Der Feind in meinem Beet ... – schlechte Partnerschaften

Unter Pflanzen gibt es nicht viele „schlechte Ehen" – die meisten Partnerschaften, die keinen positiven Effekt bringen, wirken sich zumindest neutral aus. Von einigen Kombinationen ist jedoch abzuraten:

Gemüsepflanzen aus derselben Familie sollen nicht kombiniert werden – diese Regel erfährt in Gartenratgebern einhellig Gültigkeit. Auf die Nachtschattengewächse angewendet konnte sie in wissenschaftlichen Versuchen zwar nicht immer bestätigt werden, es ist aber dennoch ratsam, sie einzuhalten.
Erdbeere und Kohl geben eine Partnerschaft, die keine positive Wirkung zu haben scheint und zu der auch nirgendwo geraten wird – die Erdbeere hat wesentlich bessere Freunde! Eine Partnerschaft aus **Grüner Bohne, Erbse oder Ackerbohne mit Knoblauch oder Zwiebel** ist nicht zu empfehlen – jede einzelne dieser Pflanzen lässt sich mit anderen Partnern viel effektiver kombinieren.
Von der Partnerschaft **Tomate/Fenchel** raten Gärtner ab, wissenschaftliche Versuche dazu brachten sehr unterschiedliche Ergebnisse.

25 garantiert gute Nachbarschaften

~ Tipps zur Umsetzung
~ Glückliche Gemeinschaften

Tipps zur Umsetzung

Auf den folgenden Seiten stellen wir Ihnen 25 gute Partnerschaften vor, meist Kombinationen aus drei Pflanzen. Unsere Ratschläge lassen sich in jedem Garten umsetzen, wie auch immer dieser organisiert ist.

Die Organisation des Gartens

Egal, ob Sie einen klassischen Gemüsegarten mit Beetreihen haben oder mit Quadrat- oder Hügelbeeten arbeiten – Mischkulturen lassen sich in jeder Art von Garten anlegen. Die Vorschläge auf den folgenden Seiten sind auf Beetreihen von 1,20 m Breite (die Länge hängt von der vorhandenen Fläche und Ihren Bedürfnissen ab) abgestimmt – das entspricht dem klassischen Gemüsegarten in unseren Breiten. Sie lassen sich aber auch problemlos auf anders geartete Flächen anwenden.

Die Ausrichtung des Beetes

Wenn wir Beetreihen oder Hügelbeete anlegen, stellt sich die Frage, wie wir diese am besten ausrichten. Wir raten dazu, das Beet in Ost-West-Richtung anzulegen – so lässt sich vermeiden, dass große Pflanzen, die mit kleineren Pflanzen kombiniert sind, ihren Partnern zu viel Sonne wegnehmen. Wenn der Boden uneben ist, dann sollten die Beete diese Neigung bestmöglich ausgleichen, damit es bei stärkeren Regenfällen nicht zu Abschwemmungen kommt.

Die Mischkultur passt in jeden Garten.

Beetreihen – der traditionelle Gemüsegarten

Quadratbeete

Der traditionelle Anbau in Beetreihen

Die älteste und nach wie vor meistverbreitete Form des Gemüsegartens: Der Garten wird in ca. 1,20 m breite Beetreihen eingeteilt, dazwischen liegen schmalere (30–40 cm) unbebaute Streifen, auf denen der Gärtner sich bewegen kann. Idealerweise liegen die bebauten Felder leicht erhöht oder sind durch niedrige Zwischenwände aus Holz (oder anderen Materialien) abgetrennt. Ein sehr unkompliziertes System, das eine optimale Flächennutzung ermöglicht – je nach Breite der Gänge und Anzahl der Reihen können 80 bis 90 % des Gartens bebaut werden.

Quadratbeete

Aktuell ist es sehr in Mode, Quadratgärten anzulegen: Der Quadratgarten besteht aus beliebig vielen Quadratbeeten, jeweils begrenzt durch einen Holzrahmen. Jedes dieser Beete – üblicherweise haben sie eine Seitenlänge von 1,20 m – wird in neun kleinere Parzellen (je 40 x 40 cm) eingeteilt, in die je ein Gemüse kommt. Der Gärtner bearbeitet die Beete vom Gartengang aus, der normalerweise 50 bis 80 cm breit und begrünt oder gemulcht ist.
Quadratbeete sind eine sehr praktische und ansehnliche Form der Gartengestaltung. Ein zusätzlicher Vorteil: Da der Gärtner die Felder nie betritt, wird die Erde nicht verdichtet. Der Quadratgarten benötigt allerdings wesentlich mehr Platz als der traditionelle – tatsächlich bebaut werden hier nur 50 bis 70 % der Gartenfläche (was kein Problem ist, wenn genug Platz zur Verfügung steht). Maschinell lassen sich Quadratbeete nicht bearbeiten. Zu einer Motorhacke würden wir zwar ohnehin nicht raten – sie stört das mikrobielle Leben im Boden –, wenn der

Garten sehr groß ist, kann die Sache aber zum Problem werden. Auch Werkzeuge wie Radhacken, sehr praktisch zur Unkrautbekämpfung in großen Gärten, können hier nicht eingesetzt werden.

Hügelbeete

Hügelbeete sind ca. 1,20 m breite (wie die klassischen Quadrate oder Saatreihen), anfangs 50 bis 60 cm hohe Hügel, zwischen denen üblicherweise 40 bis 50 cm breite Gartengänge liegen. Der Gärtner bewegt sich nie auf den Beeten, sondern bearbeitet sie von den Gängen aus. Die Erträge aus Hügelbeeten sind sehr hoch – da sie sehr viel organisches Material beinhalten, das abgebaut wird, und die Erde nicht verdichtet wird, ist die Bodenaktivität dort sehr intensiv. Der Bau der Beete gestaltet sich allerdings sehr material- und zeitaufwendig, nach einigen Jahren müssen sie neu angelegt werden.

Ein Hügelbeet anlegen

Um ein Hügelbeet anzulegen, wird der Boden zunächst in einer Tiefe von 20 cm ausgehoben. Die bearbeitete Fläche sollte so breit und lang sein wie das gewünschte Beet. In der Mitte bilden wir einen ca. 60 cm breiten Streifen aus Reisig. Wir bedecken diesen mit organischem Material, das zur Hand ist: Blätter, Pflanzenhäcksel, Grünabfälle, Rasenschnitt. Darüber kommt eine Schicht Kompost, dann die ausgehobene Erde, wenn möglich vermischt mit reifem, gesiebtem Kompost.

Das „Lasagne-Beet“

Im amerikanischen Raum ist „Lasagna Gardening“ vielen Hobbygärtnern ein Begriff, hier bei uns ist diese Form des Gärtnerns bisher nur wenigen bekannt. Ein „Lasagne-Beet“ (oder Schichtenbeet) anzulegen, ermöglicht uns eine besondere Form der Kompostverwertung – wir erhalten daraus einen lockeren, nährstoffreichen Boden, der später wenig Pflege bedarf.

So geht's: Wir schichten unterschiedliche Arten von organischem Material übereinander, wobei wir zwischen stickstoffreichen (Küchenabfälle, Rasenschnitt, stroharmer Mist) und kohlenstoffreichen (Blätter, Reisighäcksel, strohreicher Mist, Stroh) Materialien abwechseln. Die erste Schicht am Boden ist üblicherweise aus Karton, oben schließen wir mit einer Schicht reifem Kompost ab.

Nicht alle Gemüse haben den gleichen Düngebedarf.

Kulturtechniken

Düngen

Für die Versorgung der Kulturen mit Nährstoffen raten wir zu Kompost, in der biologischen Landwirtschaft ein Basisdünger. Einige Gemüse sind, wie bereits beschrieben, Starkzehrer – sie benötigen mehr Nährstoffe als andere, und daher auch mehr Dünger. Kompliziert wird die Sache, wenn wir starkzehrende mit schwachzehrenden Gemüsearten kombinieren – hier müssen wir Kompromisse finden.

Aussaat und Anpflanzung

Wir geben in diesem Buch immer einen Zeitpunkt für Aussaat oder Anpflanzung der jeweiligen Kultur an. Es handelt sich dabei um Durchschnittsdaten, die sich dem Klima und der Region entsprechend auch nach vor oder hinten verschieben können. Wenn die im Frühling bebauten Beete ab Juli wieder beginnen frei zu werden, kann darauf nach und nach neues Gemüse angepflanzt werden.

Wenn nicht anders angegeben, werden die zwei oder drei Kulturen in jedem Beet immer gemeinsam gesät oder angepflanzt.

Die Pflanzabstände, die wir empfehlen, sind manchmal geringer als in der Tabelle auf S. 27 angegeben. Die Gründe dafür sind von Fall zu Fall unterschiedlich – meist hängt es mit der unterschiedlichen Wuchsgeschwindigkeit oder Wuchshöhe der Pflanzen zusammen.

Fruchtfolge

Wie auch in der Landwirtschaft müssen wir im Gartenbeet die Fruchtfolge beachten. Auf keinen Fall sollten aufeinanderfolgende Gemüsepflanzen derselben Art entstammen oder dieselben Feinde (Krankheiten oder Schädlinge) haben. Auf starkzehrende Pflanzen sollten schwachzehrende folgen; nach Hülsenfrüchten, die den Boden mit Stickstoff anreichern, sollten Gemüsearten angebaut werden, die viel Stickstoff benötigen. In der Mischkultur gestaltet sich die Fruchtfolge oft schwierig, sie ist hier aber auch weniger wichtig als in der Monokultur – das Gleichgewicht wird ja während jeder Bepflanzung hergestellt, Mängel müssen nicht über einen langen Zeitraum hinweg ausgeglichen werden. Eines gilt auf jeden Fall: In dasselbe Beet kommt nicht wieder dieselbe Pflanzenkombination. Außerdem vermeiden wir, soweit möglich, Pflanzen derselben Familie (diese Regel gilt nicht für Hülsenfrüchte) nacheinander anzupflanzen.

Der Aussaat- oder Anpflanzungszeitpunkt kann je nach Klima und Wetter variieren.

Glückliche Gemeinschaften

Radieschen und Karotten haben eine unterschiedlich lange Vegetationszeit.

Gemeinschaft 1
(März/April, je nach Klima)

Erbse, Rucola, Kopfsalat, Karotte und Radieschen

- **Nutzen:** Flachwurzelnde Gemüsearten (Kopfsalat, Radieschen) werden mit Tiefwurzlern (Erbse) kombiniert; Kopfsalat, Rucola und Radieschen besitzen eine kurze Vegetationszeit, Erbse und Karotte eine mittellange. Die Erbse, eine Hülsenfrucht, dient als Stickstofflieferant.
- **Variante:** Der Kopfsalat kann durch Lauch ersetzt werden.
- **Düngung:** Wenn im Beet im Herbst ein Gründünger gesät wurde, dann ist keine weitere Düngung nötig; eventuell ein wenig reifen Kompost in die Rille Karotte/Radieschen ausbringen.
- **Aussaat:** ab Mitte März.
- **Ertrag:** 1 bis 1,5 kg Erbsen (geschält), 1 kg Rucola, 15 Stück Kopfsalat, 4 kg Karotten, 8 Bund Radieschen.

Zur Ertragsmenge

Die in diesem Kapitel angegebenen Ertragsmengen gelten immer für ein Beet von 5 m² (1,20 x 4,20 m).

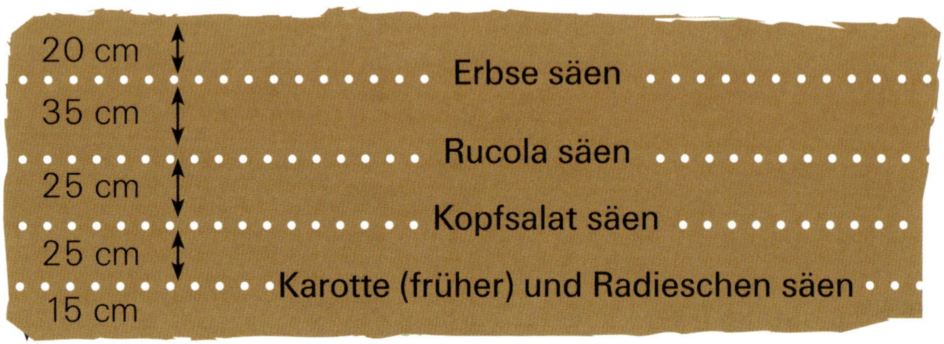

Gemeinschaft 2 (März/April)

Karotte, Ackerbohne, Spinat

- **Nutzen:** Die Ackerbohne (oder Erbse) liefert ihren beiden Partnern Stickstoff.
- **Varianten:** Spinat und/oder Karotte lassen sich durch Lauch, Kohl, Speiserübe oder Pastinake ersetzen.
- **Düngung:** Wenn im Beet im Herbst ein Gründünger gesät wurde, dann ist keine weitere Düngung nötig; eventuell ein wenig reifen Kompost in die Rille mit der Spinataussaat ausbringen.
- **Aussaat:** Ab Anfang März. Karotten und Rüben ausdünnen, wenn sie etwa 10 cm erreicht haben; alle 5 cm eine Pflanze stehenlassen. Ackerbohnen anhäufeln, wenn sie ca. 20 cm hoch sind; Blattläuse durch Abschneiden befallender Triebe entfernen.
- **Ertrag:** 4 bis 5 kg Karotten, 2 bis 3 kg Ackerbohnen oder 1 bis 1,5 kg Erbsen (geschält), 1,2 bis 3 kg Spinat.

Die Ackerbohne versorgt ihre Partner mit Stickstoff.

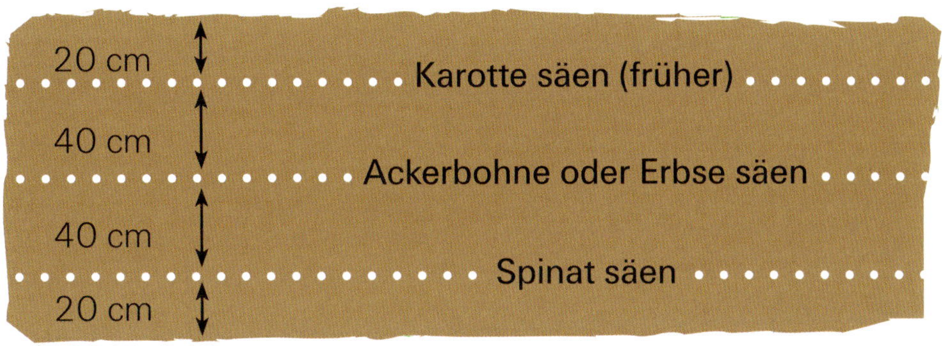

Gemeinschaft 3 (April)

Mangold, Zwiebel, Rote Bete, Rucola

- **Nutzen:** Hier kombinieren wir Pflanzen, die aus drei unterschiedlichen Familien stammen (Gänsefußgewächse, Liliengewächse, Kreuzblütengewächse) und sich in ihrer Wurzeltiefe unterscheiden.
- **Varianten:** Mangold und/oder Rote Bete können/kann durch Zwiebel, Karotte und/oder Pastinake ersetzt werden.
- **Düngung:** Wenn im Beet zu Sommerende ein Gründünger gesät wurde, dann ist keine weitere Düngung nötig; wenn nicht, 2 bis 3 kg Kompost je m² ausbringen.
- **Ertrag:** 2 kg Mangold, 2 bis 4 kg Zwiebeln, 3 bis 4 kg Rote Bete, 1 bis 1,5 kg Rucola.

Vor jeder Bepflanzung oder Aussaat sollte der Boden von Unkraut befreit werden.

Gemeinschaft 4 (April)

Karotte, Lauch, Knollensellerie

- **Nutzen:** Eine Gemeinschaft mit mehreren Vorteilen: Der Lauchmotten- und Möhrenfliegenbefall wird unter Kontrolle gebracht, indem wir zwei Gemüse kombinieren, die mit einer Art Insektenschutzhülle ausgestattet sind (Karotte und Lauch). Die Karotte hat mittellange Wurzeln, der Lauch ist ein Flachwurzler.
- **Varianten:** Der Sellerie kann durch Salat, Erbse, Ackerbohne, Kopfsalat oder Speiserübe ersetzt werden.
- **Düngung:** Wenn dieses Beet im Vorjahr stark gedüngt wurde oder ein Gründünger gesät wurde, dann ist keine weitere Düngung nötig; wenn nicht, 3 bis 4 kg Kompost je m² ausbringen.
- **Aussaat:** gegen Mitte April; ausdünnen, wenn die Pflänzchen ca. 10 cm hoch sind, 5 cm Abstand für Karotten, 10 cm Abstand für Lauch.
- **Ertrag:** 3 bis 4 kg Karotten, 7 bis 8 kg Lauch, 7 bis 8 kg Knollensellerie.

Pflanzen Sie den Sellerie in 30-cm-Abständen.

Ein Klassiker

Die Gemeinschaft Lauch/Sellerie ist ein Klassiker, die Effizienz dieser Partnerschaft ist wissenschaftlich bewiesen.

Gemeinschaft 5 (April)

Kohl, Kopfsalat, Kartoffel

Nutzen: Wenn wir Kohl und Kopfsalat innerhalb einer Reihe abwechseln, können wir den Platz optimal nutzen. Der Kopfsalat wird wesentlich früher geerntet als der Kohl. Die Kombination Kohl/Kartoffel stellte sich in wissenschaftlichen Versuchen als sehr erfolgreich heraus (bessere Erträge), die Kartoffel ist also die ideale Ergänzung.

„Je nach Vorgängerkultur" – das bedeutet …?!

Für mehrere Gemeinschaften empfehlen wir eine Zufuhr von Kompost. Wir geben dabei eine Wertspanne an – wie viel Kompost Sie ausbringen sollten, hängt von der Vorgängerkultur ab:

- Wenn die vorhergehende Kultur (im selben Jahr oder im Vorjahr) stark gedüngt wurde (4 bis 5 kg Kompost je m²) oder wenn ein Gründünger gesät wurde, dann gilt eher der untere Wert.
- Wenn nicht gedüngt wurde, dann sollten Sie sich nach dem höheren Wert richten.

Kohl und Kopfsalat wechseln innerhalb der Reihe ab, daneben steht eine Reihe Kartoffeln.

Variante: In dieser Gemeinschaft können alle Kohlsorten verwendet werden.

Düngung: je nach Vorgängerkultur 3 bis 5 kg Kompost pro m² ausbringen.

Ertrag: 8 Stück Kohl, 8 Stück Kopfsalat, 3 bis 8 kg Kartoffeln.

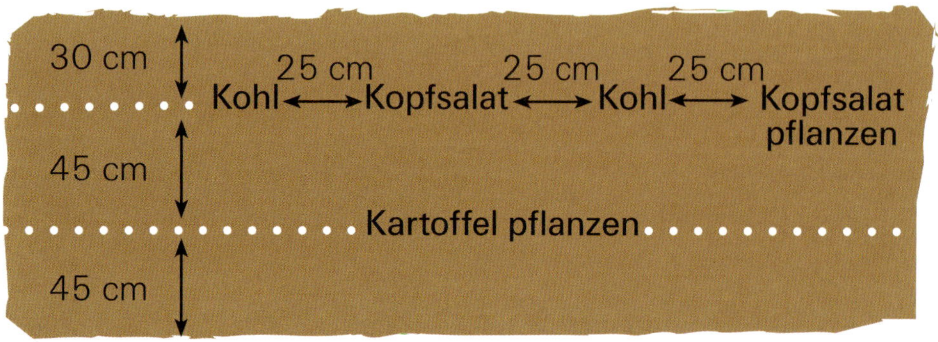

Gemeinschaft 6 (Mai)

Kartoffel, Zucchini, Stangenbohne (Grüne Bohne), Mais

- **Nutzen:** Die Gemeinschaft aus Stangenbohne (Grüner Bohne), Mais und einem Kürbisgewächs ist einer der großen Klassiker der Mischkultur. Die Kartoffel lässt sich mit Stangenbohne und Mais gut kombinieren.
- **Variante:** Mais und Stangenbohne können auch durch eine zusätzliche Zucchinipflanze ersetzt werden, wenn Sie dieses Gemüse mögen.
- **Düngung:** je nach Vorgängerkultur 3 bis 5 kg Kompost pro m^2 ausbringen.
- **Aussaat und Anpflanzung:** Ab (Mitte) Mai Stangenbohne und Mais säen bzw. Kartoffel und Zucchini anpflanzen. Die Stangenbohne säen, wenn der Mais ca. 20 cm hoch ist.
- **Ertrag:** 5 bis 6 kg Kartoffeln, 5 bis 7 kg Zucchini, 15 bis 20 Maiskolben, 2 bis 3 kg Grüne Bohnen.

Der Mais dient der Stangenbohne als Rankhilfe.

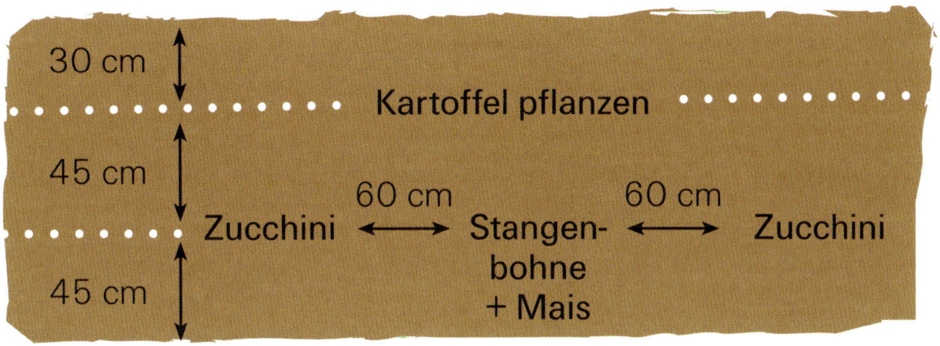

Gemeinschaft 7
(April/Anfang Mai)

Speiserübe, Erbse und Karotte – gute Nachbarn!

Speiserübe, Erbse, Karotte

- **Nutzen:** Speiserübe und Karotte profitieren vom Stickstoff, den die Erbse bindet.
- **Varianten:** Ab Mai können anstatt Erbsen auch Grüne Bohnen gesät werden. Karotte oder Speiserübe lassen sich durch fast alle anderen Gemüse ersetzen (außer Grüne Bohne und Ackerbohne).
- **Düngung:** Wenn dieses Beet im Vorjahr stark gedüngt wurde oder ein Gründünger gesät wurde, dann ist keine weitere Düngung nötig; wenn nicht, 2 bis 3 kg Kompost je m² ausbringen.
- **Ertrag:** 4 bis 5 kg Speiserüben, 1 bis 1,5 kg Erbsen (geschält), 4 bis 5 kg Karotten.

Eine neue Idee für eine Partnerschaft?

Alain Passard ist ein französischer Sternekoch, der für seine besondere Liebe zum Gemüse bekannt ist. Er kombiniert in seinen Gerichten Speiserübe und Rhabarber – warum? Weil sie, wie er sagt, nebeneinander gedeihen. Eine spannende Idee, die einen Versuch wert ist!

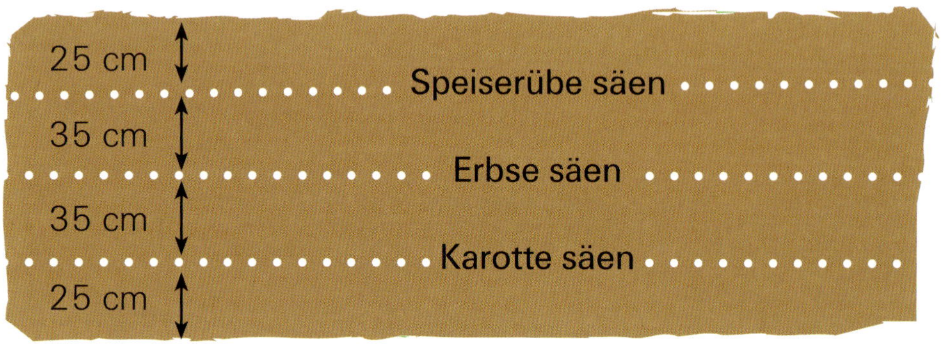

Gemeinschaft 8 (April/Mai)

Mais, Stangenbohne (Grüne Bohne), Riesenkürbis

- **Nutzen:** Die „drei Schwestern", eine Pflanzengemeinschaft mit langer Tradition – zu Recht, denn sie ist sehr effizient! Der Mais dient der Stangenbohne (Grüne Bohne) als Rankhilfe, die Bohne wiederum liefert Stickstoff. Der Kürbis, beispielsweise Hokkaido, deckt den Boden ab und hemmt so den Unkrautwuchs, das Sonnenlicht wird bestmöglich genützt.
- **Düngung:** 2 bis 3 kg Kompost je m² ausbringen; bei der Anpflanzung der Kürbisse zwei Handvoll reifen Kompost in jedes Pflanzloch geben.
- **Aussaat:** Mais und Kürbis ab Anfang Mai gemeinsam säen. Mais: 1 Samenkorn alle 20 cm; für die Kürbisse je 2 bis 5 Samenkörner in Abständen von 1 m in Saatlöcher geben, später nur die stärkste Pflanze stehenlassen (Lochsaat). Stangenbohnen: Lochsaat, sobald der Mais 20 bis 30 cm hoch ist. Wenn sie zu wachsen beginnen, Bohnen anleiten, sodass sie den Mais als Rankhilfe verwenden.
- **Ertrag:** 40 Maiskolben, 6 bis 8 kg Grüne Bohnen, 20 kg Kürbis.

Gartenwege sollten sauber gehalten werden.

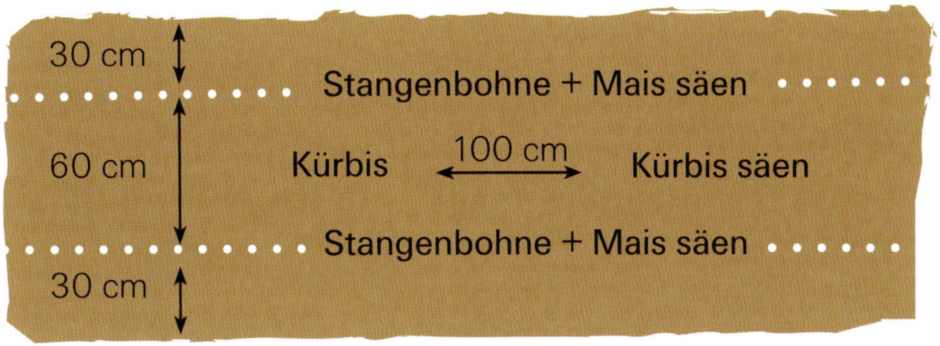

Gemeinschaft 9 (Mai)

Rosenkohl, Pastinake, Lauch

- **Nutzen:** In dieser Gemeinschaft kombinieren wir Tiefwurzler (Pastinake) mit flach- oder mitteltiefwurzelnden Pflanzen (Lauch und Rosenkohl).
- **Varianten:** Die Pastinake kann durch Zucchini ersetzt werden, der Rosenkohl durch andere Kohlsorten.
- **Düngung:** je nach Vorgängerkultur 0 bis 3 kg Kompost pro m² ausbringen.
- **Ertrag:** 2 bis 3 kg Rosenkohl, 4 bis 5 kg Pastinaken, 5 bis 7 kg Lauch.

Rosenkohl, Pastinaken, Lauch

Ein besonderes Gemüse

Rosenkohl ist resistent gegen Frost und enthält sehr viel Vitamin C – ein Gemüse, das es in sich hat!

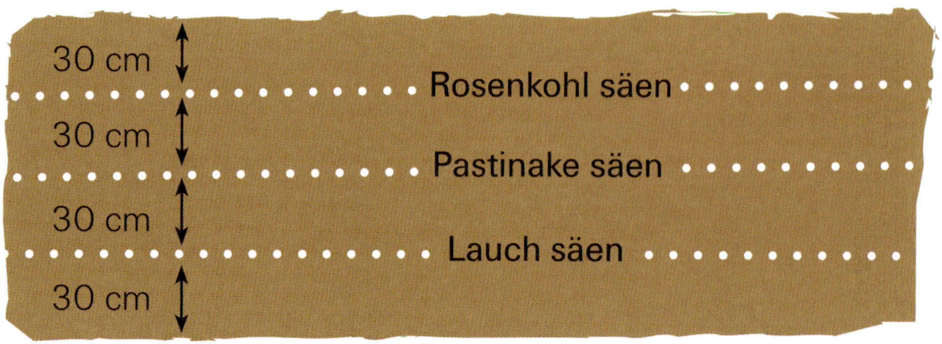

Gemeinschaft 10 (Mai)

Brokkoli, Buschbohne (Grüne Bohne), Mangold

- **Nutzen:** Die Buschbohne (Grüne Bohne) dient Mangold und Brokkoli als Stickstofflieferant. Der Mangold als Tiefwurzler ist in Gesellschaft von zwei Gemüsearten mit mitteltiefen Wurzeln.
- **Varianten:** Der Brokkoli kann durch andere Kohlarten ersetzt werden, der Mangold durch Rote Bete.
- **Düngung:** je nach Vorgängerkultur 0 bis 3 kg Kompost pro m² ausbringen.
- **Ertrag:** 3 bis 4 kg Brokkoli, 1 bis 3 kg Grüne Bohnen, 3 bis 4 kg Mangold.

Anders als Buschbohne und Brokkoli ist der Mangold ein Tiefwurzler.

Brokkoli – reich an Antioxidantien!

Brokkoli ist besonders reich an Antioxidantien. In mehreren Studien zeigte sich, dass das Gemüse vor bestimmten Krebsarten schützen kann.

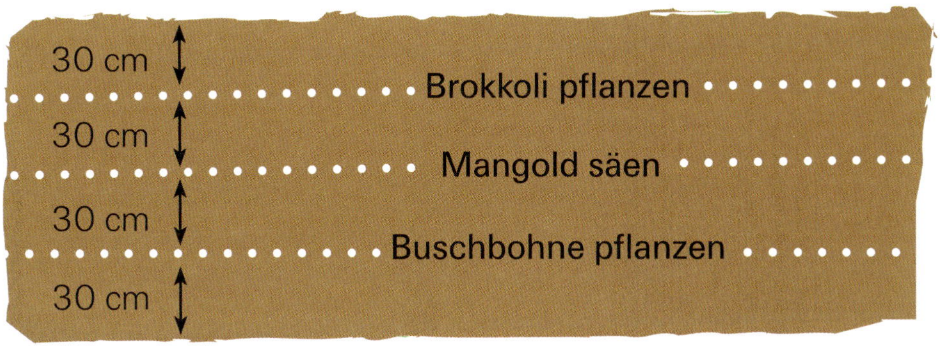

Gemeinschaft 11 (Mai)

Löwenzahn, Knollensellerie, Neuseeländer Spinat

- **Nutzen:** Der Platz lässt sich mit diesem Dreiergespann optimal ausnutzen – Löwenzahn und Neuseeländer Spinat bedecken den Boden, Sellerie oder auch Fenchel zwischendrin wachsen in die Höhe.
- **Varianten:** Der Löwenzahn kann durch Salat ersetzt werden (Kopfsalat, Endivie, Rucola), Sellerie eventuell durch Fenchel.
- **Düngung:** je nach Vorgängerkultur 0 bis 3 kg Kompost pro m² ausbringen.
- **Ertrag:** 2 bis 3 kg Löwenzahn, 5 bis 6 kg Sellerie oder 2 bis 3 kg Fenchel, 1 bis 2 kg Neuseeländer Spinat.

Der Löwenzahn kann auch durch Salat ersetzt werden.

Neuseeländer Spinat

Der Neuseeländer Spinat (wiss. Name *Tetragonia tetragonioides*) hält der sommerlichen Hitze besonders gut stand – er übernimmt sozusagen die Stellung, wenn die Gartenspinat-Saison zu Ende ist.

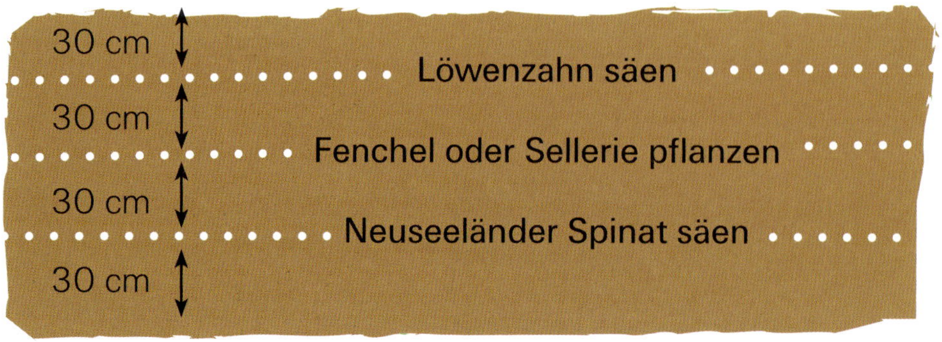

Gemeinschaft 12 (Mai)

Gurke, Tomate

- **Nutzen:** Hier kombinieren wir eine vertikal wachsende (Tomate) mit einer bodenbedeckenden Pflanze (Gurke). Die Effizienz dieser Gemeinschaft wurde in wissenschaftlichen Studien eindeutig belegt – sie liefert bessere Erträge.
- **Variante:** Pro Reihe nur eine einzige Gurkenpflanze behalten und den Rest durch Tomatenpflanzen ersetzen.
- **Düngung:** je nach Vorgängerkultur 3 bis 5 kg Kompost pro m² ausbringen.
- **Ertrag:** 7 bis 10 kg Tomaten, 4 bis 5 kg Gurken.

Wenn wir Gurke und Tomate gemeinschaftlich anbauen, erhalten wir höhere Erträge.

Alte Sorten? Wiederbeleben!

In Vergessenheit geratene Tomatensorten sollten unbedingt wiederbelebt werden! Zu unseren persönlichen Lieblingen zählen das 'Andenhorn' und die französische 'Noire de Crimée'.

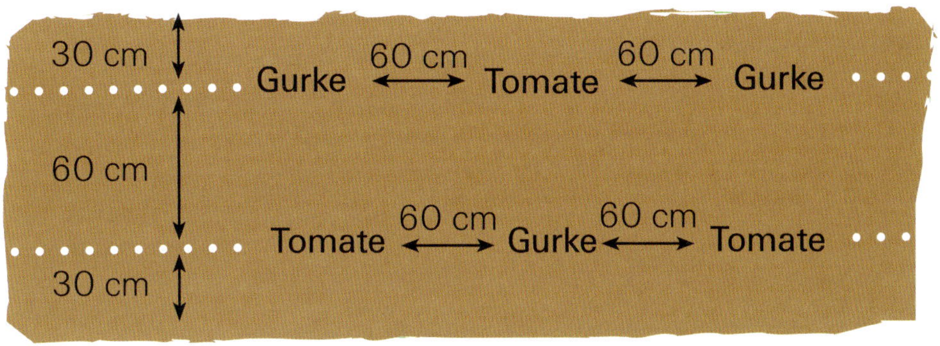

Gemeinschaft 13 (Mai)

Tomate, Blumenkohl

- **Nutzen:** In der biologischen Landwirtschaft ist diese Gemeinschaft ein Klassiker. In wissenschaftlichen Studien wurde bewiesen, dass sie höhere Erträge liefert als ein Anbau der Pflanzen in Monokultur.
- **Variante:** Der Blumenkohl kann durch eine andere Kohlart ersetzt werden.
- **Düngung:** je nach Vorgängerkultur 3 bis 5 kg Kompost pro m² ausbringen.
- **Ertrag:** 10 bis 15 kg Tomaten, 8 Stück Blumenkohl.

Die Gemeinschaft aus Tomate und Blumenkohl – ein Klassiker!

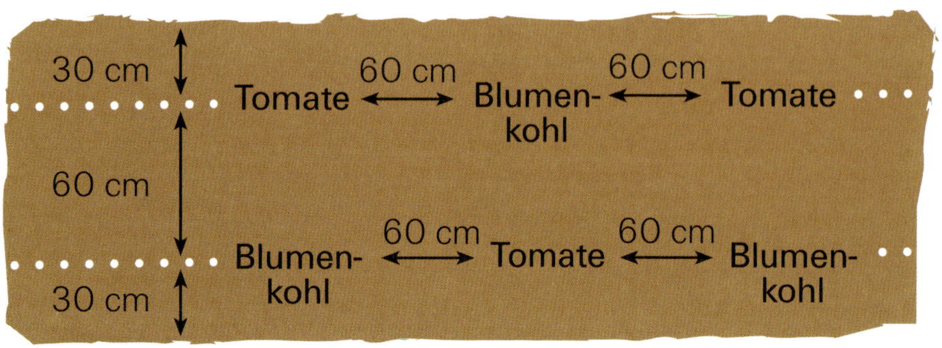

Gemeinschaft 14 (Mai)

Studentenblume, Paprika, Lauch

- **Nutzen:** Die Studentenblume ist dafür bekannt, dass sie Nematoden abwehrt.
- **Varianten:** In Böden, in denen es keine Probleme mit Nematoden gibt, kann die Studentenblume auch durch Kohl, Karotte, Zwiebel oder Knoblauch ersetzt werden.
- **Düngung:** je nach Vorgängerkultur 3 bis 5 kg Kompost pro m² ausbringen.
- **Ertrag:** 7 bis 8 kg Paprika, 5 bis 7 kg Lauch.

Reife

Die Paprikaschote ist reif, wenn sie eine rote – oder bei manchen Sorten gelbe – Farbe angenommen hat. Im grünen Zustand enthält sie allerdings mehr Vitamin C.

Paprika und Studentenblume

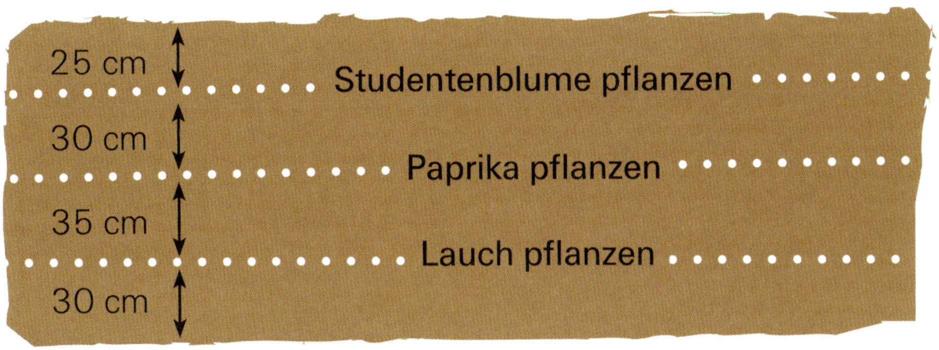

Gemeinschaft 15 (Mai)

Blumenkohl, Fenchel, Lauch

- **Nutzen:** Der Fenchel als hochwachsendes Gemüse wird hier mit zwei mittelhohen Pflanzen kombiniert. Die Gemeinschaft Fenchel/ Blumenkohl bringt einigen wissenschaftlichen Experimenten zufolge höhere Erträge.
- **Variante:** Der Blumenkohl kann durch Paprika oder Chili ersetzt werden.
- **Düngung:** je nach Vorgängerkultur 3 bis 5 kg Kompost pro m² ausbringen.
- **Ertrag:** 7 Stück Blumenkohl, 2 bis 3 kg Fenchel, 5 bis 7 kg Lauch.

Der Fenchel trägt wunderschöne Blütendolden.

Ein genügsames Gemüse

Lauch kann den ganzen Winter über in der Erde bleiben, er hält dem Frost stand.

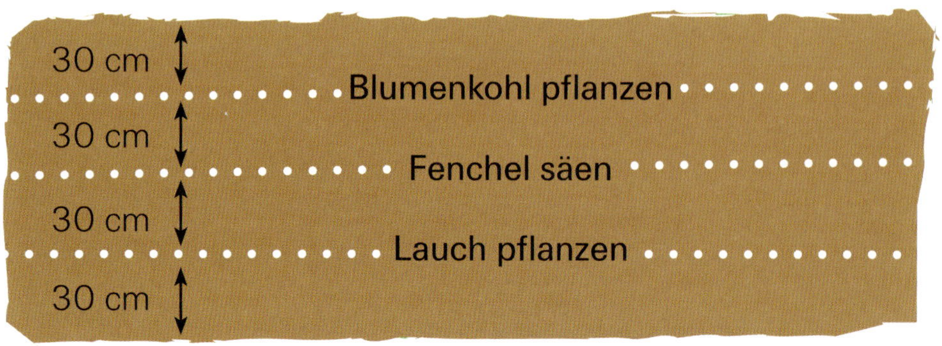

Gemeinschaft 16 (Mai)

Sellerie, Kohl

- **Nutzen:** In wissenschaftlichen Experimenten brachte diese Kombination höhere Erträge.
- **Varianten:** Anstatt Sellerie kann Lauch gepflanzt werden, statt Kohl (oder zusätzlich) Gurken.
- **Düngung:** je nach Vorgängerkultur 2 bis 4 kg Kompost pro m² ausbringen.
- **Ertrag:** 10 bis 12 kg Sellerie bzw. die halbe Menge, wenn die Hälfte einer Reihe durch Stangensellerie oder Lauch ersetzt wird, 8 Kohlköpfe.

Kohl neben Sellerie

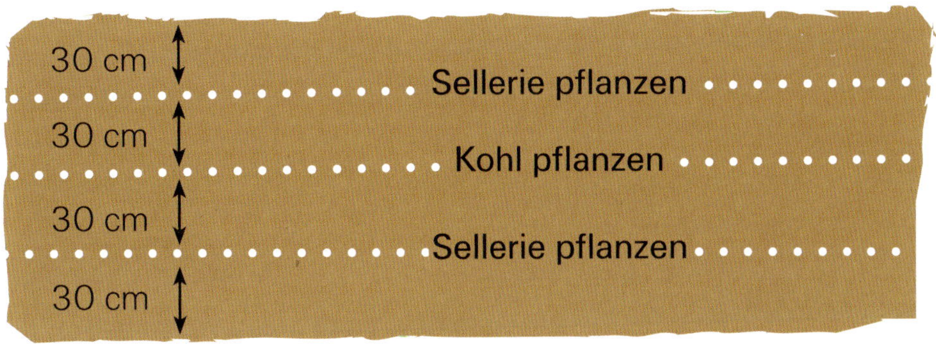

Gemeinschaft 17 (Mai)

Grünkohl, Tomate, Weiß- oder Rotkohl

- **Nutzen:** Diese Kombination wird sowohl in Gartenbüchern als auch in der Wissenschaft sehr positiv bewertet.
- **Variante:** Die angegebenen Kohlsorten können durch andere ersetzt werden.
- **Düngung:** je nach Vorgängerkultur 3 bis 5 kg Kompost pro m² ausbringen.
- **Ertrag:** 4 bis 5 kg Grünkohl, 10 bis 15 kg Tomaten, 8 Kohlköpfe.

Pflanzen Sie zuerst den Kohl an.

Grünkohl – ein „Must-eat"!

Der Grünkohl – manchmal finden wir ihn hierzulande auch unter seinem amerikanischen Namen Kale – ist ein Blattgemüse. Unter den Kohlsorten ist er nicht nur der winterhärteste, er enthält auch außerordentlich viel Vitamin C und andere Nährstoffe.

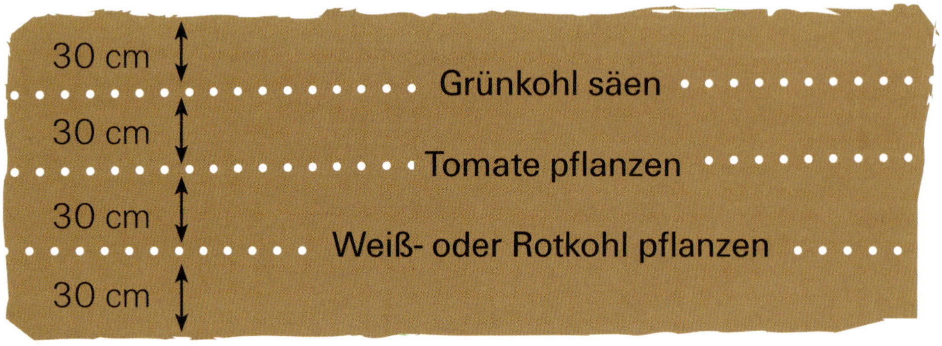

Gemeinschaft 18 (Juni/Juli)

Endivie, Radieschen, Buschbohne, Grünkohl

- **Nutzen:** Die Bohne liefert ihren Partnerkulturen Stickstoff.
- **Varianten:** Die Endivie kann durch Fenchel, Winterrettich oder Karotte ersetzt werden.
- **Düngung:** Wenn das Beet im Vorjahr stark gedüngt wurde oder ein Gründünger gesät wurde, dann ist keine weitere Düngung nötig; wenn nicht, 2 bis 3 kg Kompost pro m² ausbringen.
- **Ertrag:** 10 Endivien, 5 bis 6 Bund Radieschen, 1 bis 1,5 kg Bohnen, 8 Kohlköpfe.

Die Bohne (links) spendet den anderen Kulturen Stickstoff.

Zichoriensalate

Fleischkraut (Zuckerhut), Blattzichorie, Radicchio di Treviso, Rossa di Verona (Veroneser Radicchio) – all diese Züchtungen der Gemeinen Wegwarte (Zichorie) sind kälteresistenter als die verwandte krause oder glatte Endivie. Rossa di Verona und Treviso sind unsere persönlichen Favoriten.

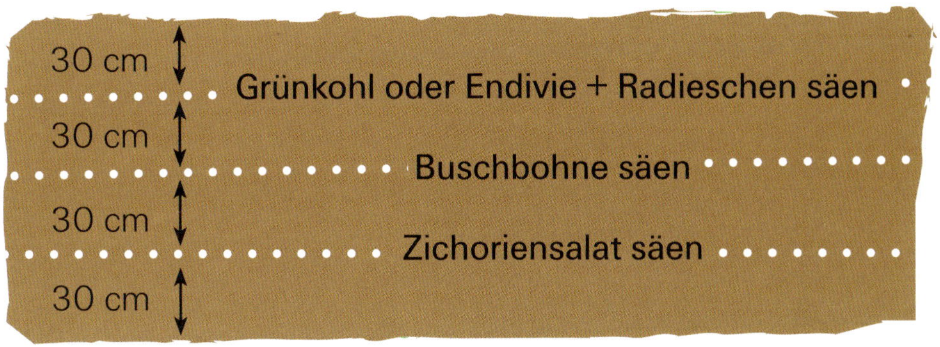

Gemeinschaft 19 (Juli)

Karotte, Speiserübe, Endivie, Zichoriensalat

- **Nutzen:** Der Boden wird sehr gut abgedeckt.
- **Varianten:** Karotte und Rübe können durch anderes Wurzelgemüse ersetzt werden (Rote Bete, Pastinake), die Endivie oder der Zichoriensalat (Zuckerhut, Radicchio etc.) durch andere Salate.
- **Düngung:** Wenn dieses Beet im Vorjahr stark gedüngt wurde oder ein Gründünger gesät wurde, ist keine weitere Düngung nötig; wenn nicht, 3 bis 4 kg Kompost pro m^2 ausbringen.
- **Ertrag:** 4 bis 5 kg Karotten, 2 bis 4 kg Speiserüben, 3 bis 4 kg Endivien/Zichoriensalate.

Karotte und Endivie

Die Rübe – viel besser als ihr Ruf!

Die Speiserübe hat keinen besonders guten Ruf – zu Unrecht, sie ist ein ganz großartiges Gemüse! Ihr Blattwerk ist reich an Kalzium und kann wie Spinat gekocht werden.

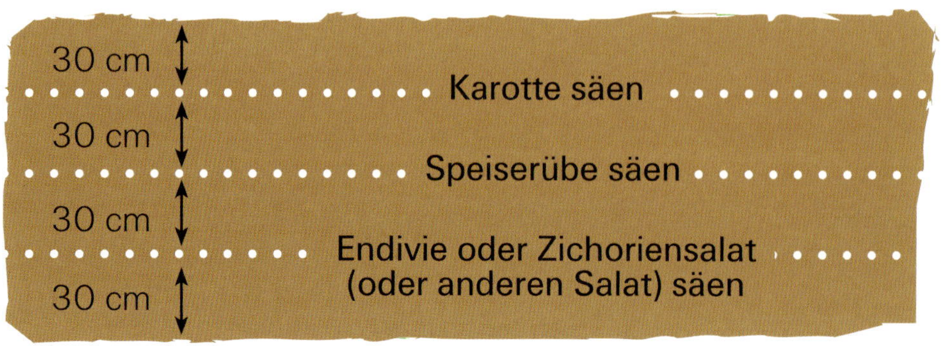

Gemeinschaft 20 (Juli/August)

Erdbeere, Endivie, Zichoriensalat, Spinat

- **Nutzen:** Die Wirksamkeit dieser Gemeinschaft wurde von der Forschung bestätigt (höhere Erträge).
- **Varianten:** Der Salat (glatte oder krause Endivie) kann durch Lauch, Zwiebel oder – wenn Sie Probleme mit Nematoden haben – die Studentenblume ersetzt werden. Wählen Sie einen beliebigen Zichoriensalat.
- **Düngung:** je nach Vorgängerkultur 0 bis 2 kg Kompost pro m^2 ausbringen; ein wenig reifen Kompost in die Rille mit der Spinataussaat geben.
- **Ertrag:** 1,5 bis 2,5 kg Erdbeeren, 14 Salatköpfe, 1,5 bis 2 kg Spinat.

Endivien und Zichorien haben mitteltiefe Wurzeln.

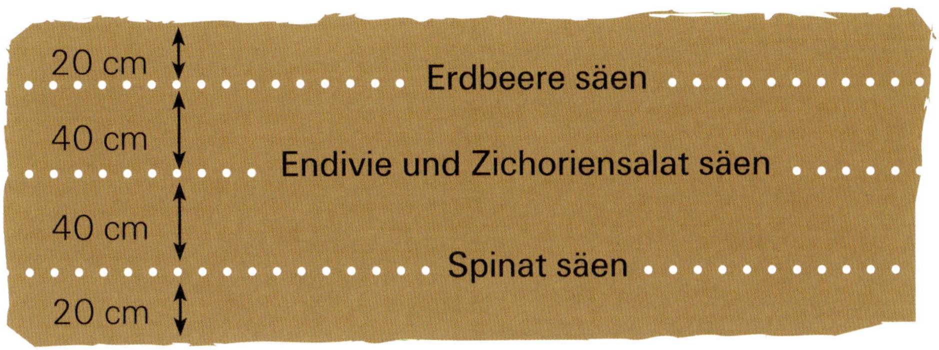

Gemeinschaft 21 (August)

Erdbeere, Winterrettich

- **Nutzen:** Der Erfolg dieser Gemeinschaft wurde wissenschaftlich bestätigt, allerdings mit einem anderen Kreuzblütengewächs, der Speiserübe.
- **Variante:** Der Winterrettich kann durch die Speiserübe ersetzt werden.
- **Düngung:** Wenn dieses Beet im Vorjahr stark gedüngt wurde oder ein Gründünger gesät wurde, dann ist keine weitere Düngung nötig; wenn nicht, 2 bis 3 kg Kompost je m² ausbringen.
- **Ertrag:** 3 bis 5 kg Erdbeeren, 2 bis 3 kg Winterrettich.

Säen Sie den Winterrettich zwischen zwei Reihen Erdbeeren.

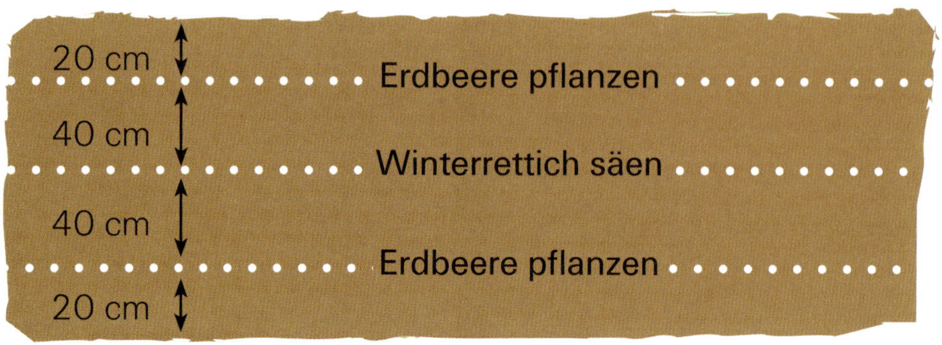

Gemeinschaft 22 (August)

Spinat, glatte Endivie, Feldsalat

- **Nutzen:** Diese Gemeinschaft ist ein optimaler Platzhalter.
- **Variante:** Für den Feldsalat, einer der wenigen Salate, die den ganzen Winter über verfügbar sind, kann auch mehr Platz verwendet werden.
- **Düngung:** Wenn dieses Beet im Vorjahr stark gedüngt wurde oder ein Gründünger gesät wurde, dann ist keine weitere Düngung nötig; wenn nicht, 2 bis 3 kg Kompost je m² ausbringen.
- **Ertrag:** 3 bis 4 kg Spinat, 15 Salatköpfe, 1 kg Feldsalat.

Ein Beet voll Wintersalat!

Kleine Korngrößen wählen!

Greifen Sie für die Aussaat des Feldsalates zu Sorten mit kleiner Korngröße. Sie schmecken nicht nur besser, sie halten auch dem Frost besser stand.

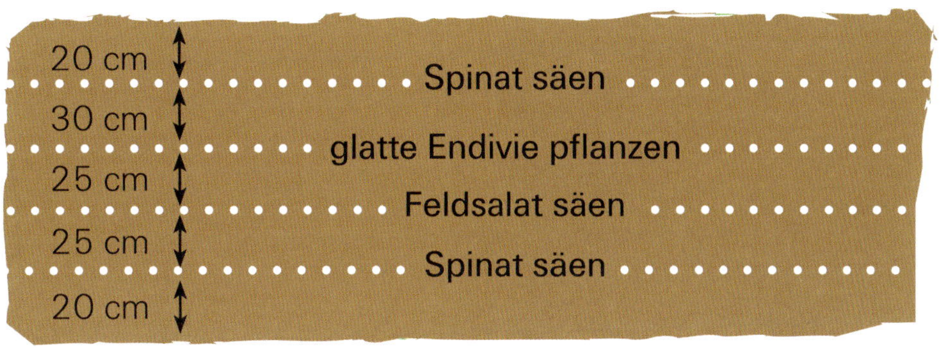

Gemeinschaft 23 (September)

Feldsalat, Radieschen, Perlzwiebel, Winterkopfsalat

- **Nutzen:** Diese Gemeinschaft ist ein idealer Platzhalter.
- **Düngung:** Wenn dieses Beet im Vorjahr stark gedüngt wurde oder ein Gründünger gesät wurde, dann ist keine weitere Düngung nötig; wenn nicht, 3 bis 4 kg Kompost je m² ausbringen.
- **Ertrag:** 1 bis 1,5 kg Feldsalat, 4 bis 8 Bund Radieschen, 1 bis 3 kg Perlzwiebeln, 15 Stück Kopfsalat.

Feldsalat

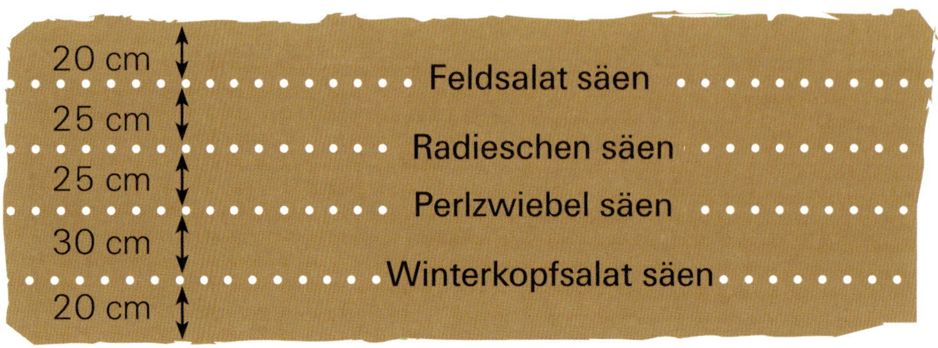

Gemeinschaft 24
(August bis Oktober)

Frühlingskohl, Winterkopfsalat, Phacelia

- **Nutzen:** Wenn wir ein Gemüse gemeinsam mit einem Gründünger säen, können wir den Boden den Winter über besetzen und gleichzeitig mit Nährstoffen anreichern. Winterfeste Kohl- oder Salatsorten können bis August direkt ins Beet gesät werden oder bei kühlerem Klima vorgezogen und bis Oktober als Jungpflanzen ins Beet gesetzt werden. Sie überwintern dann im Jugendstadium.
- **Varianten:** Die Phacelia kann durch Senf ersetzt werden; eine Reihe (oder beide) Weiß- oder Rotkohl oder Winterkopfsalat durch Feldsalat.
- **Düngung:** Wenn dieses Beet im Vorjahr stark gedüngt wurde oder ein Gründünger gesät wurde, dann ist keine weitere Düngung nötig; wenn nicht, 3 bis 4 kg Kompost je m² ausbringen.
- **Ertrag:** 10 Kohlköpfe, 10 Stück Kopfsalat.

Die Phacelia liefert dem Boden Nährstoffe und zieht Bestäuberinsekten an.

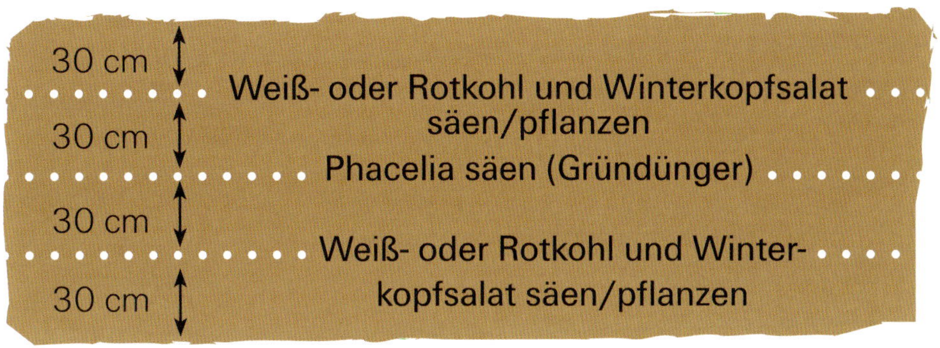

Gemeinschaft 25 (bis Oktober)

Ackerbohne, Frühlingskohl

- **Nutzen:** Die Ackerbohne als Hülsenfrucht liefert dem Kohl Stickstoff. Sie wird bis Oktober neben den Kohl gesät. Frühlingskohl vorziehen und die Pflänzchen im Oktober ins Freiland auspflanzen.
- **Variante:** Die Ackerbohne kann durch die Erbse ersetzt werden.
- **Düngung:** eine Handvoll reifen Kompost in die Pflanzlöcher für den Kohl einbringen.
- **Ertrag (im darauffolgenden Frühling):** 1,5 bis 2 kg Ackerbohnen, 8 Kohlköpfe.

Säen Sie die Ackerbohne neben den Frühlingskohl.

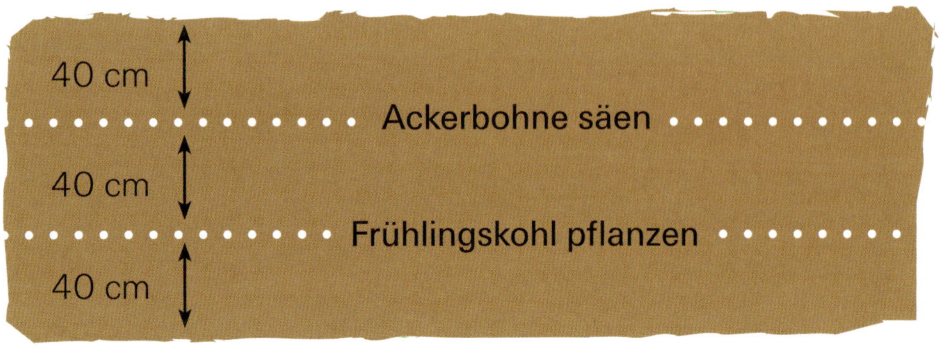

Mischkultur-Gärten –
blühendes Leben

Mischkultur im Gemüsegarten: Von klein nach groß

- ~ Welches Gemüse anbauen?
- ~ Mini-Gemüsegärten mit 10 m²
- ~ Gemüsegärten mit 20 m²
- ~ Gemüsegärten mit 50 m²
- ~ Gemüsegärten mit 100 m²
- ~ Gemüsegärten mit 200 m² und mehr

Welches Gemüse anbauen?

Wenn wir in diesem Kapitel Pflanzengemeinschaften vorschlagen, dann orientieren wir uns an den bei uns üblichen Ernährungsgewohnheiten. Je nach persönlichem Geschmack und Verfügbarkeit können Sie eine Gemeinschaft auch durch eine andere ersetzen oder interessante neue Kombinationen erfinden – wirklich unvorteilhafte Gemeinschaften gibt es ja nur wenige.
Mit einem sehr kleinen Garten von 10 bis 20 m² kann schon eine ganze Menge Gemüse produziert werden, wichtig ist es aber, dass wir uns auf einige Arten festlegen. Einige Kriterien erleichtern uns die Auswahl:

- **Frische:** Im Garten sollte vor allem jenes Gemüse angebaut werden, das seine Frische schnell verliert und sich deshalb (auch im Kühlschrank) nicht lange aufbewahren lässt. Das ist vor allem Blattgemüse, also Spinat und Salat.
- **Verfügbarkeit:** Gemüse, das in unserer Nähe schwer erhältlich ist (besonders, wenn wir es aus biologischem Anbau wollen), können wir im eigenen Garten anbauen. Das können zum Beispiel alte Tomatensorten oder auch in Vergessenheit geratene Gemüse wie die Pastinake, bestimmte Kohlsorten wie Grünkohl oder weniger verbreitete Salate wie der 'Kleine Edelstein' („Salatherzen") sein.
- **Budget:** Gemüse ist manchmal nach wie vor sehr teuer, besonders, wenn Anbau und Ernte von Hand gemacht werden müssen (Grüne Bohne, Erbse, Erdbeere).
- **Zeit:** Manche Gemüsearten brauchen mehr Zeit als andere – eine Karottenreihe auszudünnen oder von Unkraut zu befreien, ist zeitaufwendiger als Salat anzubauen, sofern wir die Setzlinge kaufen (ganz allgemein ist das oft die beste Lösung, wenn wenig Zeit und Platz zur Verfügung stehen). In den Gemüsegärten, die wir hier vorstellen, berechnen wir den Platz für das Ziehen der Setzlinge nicht mit ein. Falls Sie das machen möchten, sollten Sie dafür etwas Platz zur Verfügung haben (je nach Gartengröße 1 bis 3 m²). Petersilie und andere Kräuter können am Rande eines Beets oder an einem kleinen Plätzchen gedeihen, das wir für sie reservieren, idealerweise möglichst nahe am Wohnhaus.

Mini-Gemüse-gärten mit 10 m²

Auf dieser Seite zeigen wir Ihnen beispielhaft, wie viel und welches Gemüse Sie in einem Minigarten mit 10 m² in Mischkultur anbauen können. Wir bleiben unserem System (Beete mit 1,20 m Breite) treu und stellen uns vor, der Garten ist folgendermaßen aufgebaut:

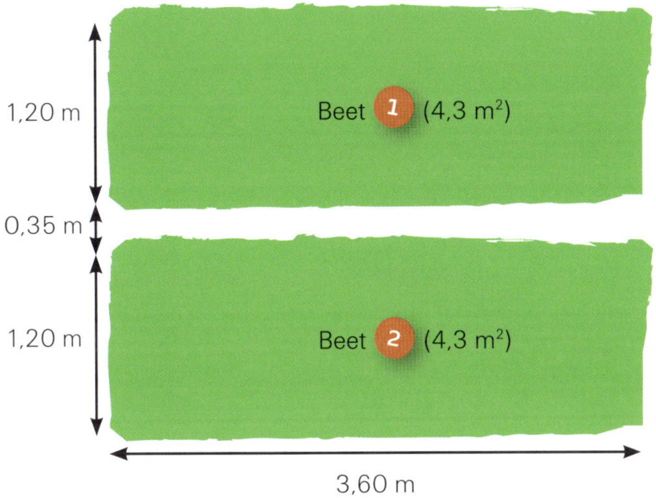

Lieber Quadratbeete?

Um unsere Vorschläge auf Quadratbeete anzuwenden, genügt es, jedes Beet in drei Quadrate zu teilen.

Anbauplanung

Aussaat und Anpflanzung im März/April

Eines der beiden Beete wird im März/April kultiviert, das zweite später und mit Gemüsearten, die erst im Mai ausgesät oder angepflanzt werden müssen. Inzwischen wird hier ein Gründünger gesät.

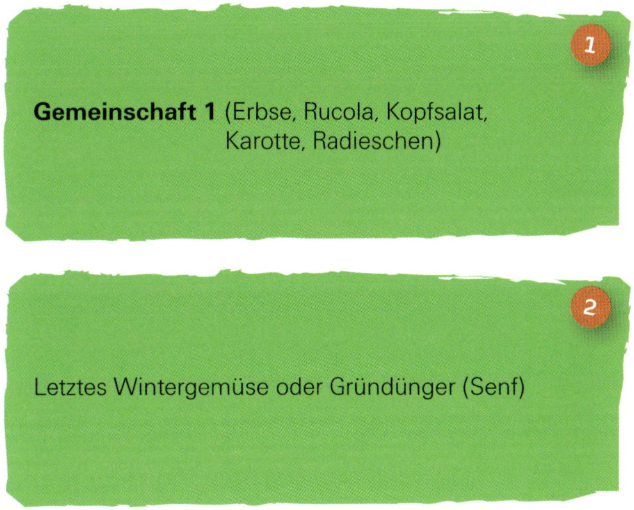

Aussaat und Anpflanzung im Mai

Wir bebauen Beet 2 und verwenden dafür Gemüse, das sich für einen Anbau auf kleiner Fläche besonders gut eignet.

1
Beet 1 pflegen

2
25 cm
Grüne Bohne säen
35 cm
Tomate pflanzen
35 cm
Kopfsalat pflanzen oder Rucola säen
25 cm

Aussaat und Anpflanzung im Juli/August

1
Gemeinschaft 20
(Erdbeere, Endivie, Zichoriensalat, Spinat)

2
Beet 2 pflegen, Salat ernten

Aussaat und Anpflanzung im September

1
Gründünger auf die Teile des Beets, die bereits wieder frei sind:
- Phacelia oder Senf bis Anfang September
- Mischung aus Roggen oder Hafer mit Zottiger Wicke (Winterwicke) bis Ende September

2
25 cm
Frühlingskohl pflanzen
35 cm
Tomate (im Mai angepflanzt)
35 cm
Feldsalat säen (breitwürfig)
25 cm

Senf

Voraussichtlicher Ertrag in diesem Mischkultur-Gemüsegarten mit 10 m²

Gemüse	Voraussichtliche Ernte	Erntezeit
Endivie oder Zichoriensalat	10 Köpfe	Oktober bis Dezember
Erbse	1,5 bis 2 kg (geschält)	Juni/Juli
Feldsalat	1 kg	Dezember bis folgender März
Frühlingskohl	8 Köpfe	Folgender Frühling
Grüne Bohne	3 bis 4 kg	August/September
Karotte	4 kg	Juli
Kopfsalat	10 Köpfe	Mai/Juni
Radieschen	8 Bund	Mai/Juni
Rucola	1 kg	Juni bis September
Spinat	2 bis 3 kg	September/Oktober
Tomate	4 bis 5 kg	Juli bis Oktober

Gemüseernte nach Monaten (abhängig von Region und Klima)

- **Januar bis April:** nichts, außer dem im Vorjahr angebauten Gemüse.
- **Mai:** Radieschen.
- **Juni:** Radieschen, Kopfsalat, Rucola, Erbse.
- **Juli:** Kopfsalat, Rucola, Erbse, Tomate (Monatsende).
- **August:** Tomate, Rucola, Karotte, Grüne Bohne.
- **September:** Karotte, Grüne Bohne, Rucola, Tomate, Spinat.
- **Oktober:** Karotte, Grüne Bohne, Rucola, Tomate, Spinat.
- **November:** Endivie, Zichoriensalat.
- **Dezember:** Endivie, Zichorie, Feldsalat.
- **Januar bis März (Folgejahr):** Feldsalat.
- **Frühling (Folgejahr):** Frühlingskohl.

Im März gesäter Kopfsalat kann ab Mai geerntet werden!

Gemüsegärten mit 20 m²

Welches Gemüse anbauen? Diese Frage kann auf dieselbe Weise beantwortet werden wie in einem Minigarten mit 10 m². Wir treffen die Wahl nach persönlichem Geschmack.
Je nach Aufbau des Gartens gibt es unterschiedliche Möglichkeiten:
- 3 Beete mit je 4,60 m Länge, wenn die vorhandene Fläche quadratisch ist,
- oder 2 Beete mit je 7,20 m Länge, wenn die Fläche rechteckig ist. Wir gehen hier von einem quadratisch angelegten Gemüsegarten aus. Unsere Vorschläge lassen sich auch auf einen rechteckigen Garten einfach anwenden.

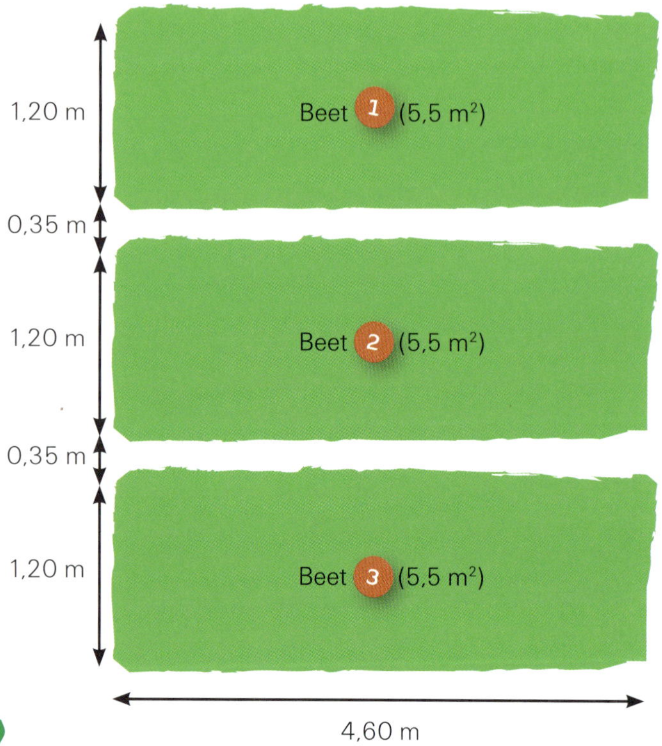

Anbauplanung

Aussaat und Anpflanzung im März/April

1 **Gemeinschaft 1** (Erbse, Rucola, Kopfsalat, Karotte, Radieschen)

2 **Gemeinschaft 2** (Karotte, Ackerbohne, Spinat) oder **Gemeinschaft 3** (Mangold, Zwiebel, Rote Bete, Rucola) oder **Gemeinschaft 4** (Karotte, Lauch, Knollensellerie)

3 Letztes Wintergemüse oder Gründünger

Die Phacelia, ein Gründünger mit zarten Blättern

Aussaat und Anpflanzung im Mai

1

Im März/April gepflanztes Gemüse pflegen

2

Im März/April gepflanztes Gemüse pflegen

3

Gemeinschaft 13
(Tomate, Blumenkohl)

Aussaat und Anpflanzung im Juli/August

1

Gemeinschaft 18
(Endivie, Radieschen, Buschbohne, Grünkohl)

2

Im März/April gepflanztes Gemüse pflegen

3

Im Mai gepflanztes Gemüse pflegen

Aussaat und Anpflanzung im September

1

Im Juli gepflanztes Gemüse pflegen

2

Gemeinschaft 25
(Ackerbohne, Frühlingskohl)

3

Gemeinschaft 23 (Feldsalat, Radieschen, Perlzwiebel, Winterkopfsalat)
oder **Gemeinschaft 24** (Frühlingskohl, Winterkopfsalat, Phacelia)

Kohl

Voraussichtlicher Ertrag in diesem Mischkultur-Gemüsegarten mit 20 m²

Gemüse	Voraussichtliche Ernte	Erntezeit
Blumenkohl	9 Köpfe	August bis November
Endivie	11 Köpfe	August bis November
Erbse (geschält)	1,2 bis 1,7 kg	Juni bis Juli
Grüne Bohne	2 bis 3 kg	Juli bis September
Grünkohl	3 bis 4 kg	Oktober bis folgender März
Karotte	4 bis 5 kg	Juli bis Oktober
Mangold	2 bis 3 kg	Juli bis Oktober
Radieschen	10 Bund	Mai bis Juni
Rucola	1 kg	Juni bis September
Sommerkopfsalat	16	Juni bis Juli
Spinat	2 bis 3 kg	Oktober bis November
Tomate	10 bis 12 kg	Juli bis Oktober/November
Weiß- oder Rotkohl	9 Köpfe	Folgender Frühling
Winterkopfsalat	16 Köpfe	Folgender Frühling

Gemüseernte nach Monaten

- **Januar bis April:** nichts, außer dem im Vorjahr angebauten Gemüse.
- **Mai:** Radieschen.
- **Juni:** Radieschen, Rucola, Erbse.
- **Juli:** Kopfsalat, Mangold, Karotte, Rucola, Erbse, Tomate (Monatsende).
- **August:** Tomate, Blumenkohl, Kopfsalat, Endivie, Rucola, Karotte.
- **September:** Karotte, Grüne Bohne, Blumenkohl, Endivie, Kopfsalat, Rucola, Tomate.
- **Oktober:** Karotte, Grüne Bohne, Mangold, Kohl, Spinat, Tomate.
- **November:** Blumenkohl, Spinat.
- **Winter und Frühling (Folgejahr):** Grünkohl, Feldsalat.

Gemüsegärten mit 50 m²

Mit einem solchen Gemüsegarten können der gesamte Bedarf an Blattgemüse und ein Teil des weiteren Gemüsebedarfs einer vierköpfigen Familie gedeckt werden.

Wir gehen hier von einem Garten mit acht je 4,20 m langen Beeten aus. Eine andere Möglichkeit ist es, vier Beete mit je 8,50 m Länge anzulegen – in diesem Fall gewinnen wir einige Zentimeter, da wir Gartenwege einsparen (drei bis sieben Wege sind möglich).

Wie in den anderen Beispielen stellen wir Ihnen hier eine Möglichkeit der Bebauung vor, die jeder seinen Bedürfnissen oder Ernährungsgewohnheiten entsprechend abändern kann.

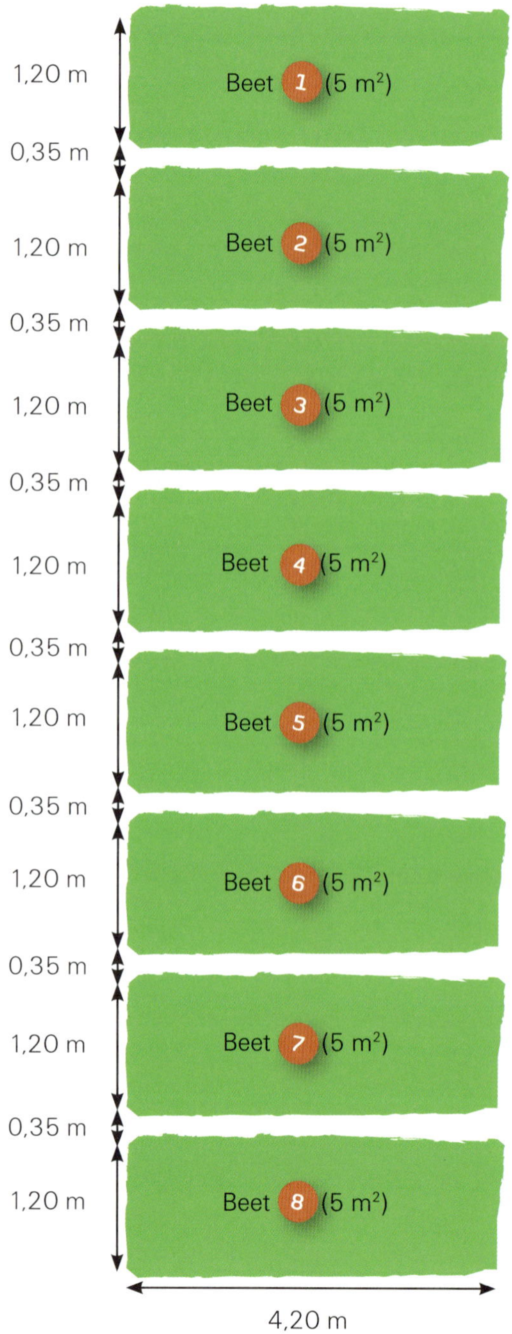

Anbauplanung

Aussaat und Anpflanzung im März/April

1 **Gemeinschaft 1** (Erbse, Rucola, Kopfsalat, Karotte, Radieschen)

2 **Gemeinschaft 4** (Karotte, Lauch, Knollensellerie)

3 **Gemeinschaft 7** (Speiserübe, Erbse, Karotte)

4 Letztes Wintergemüse oder Wintergründünger (Wicke, Roggen) oder Frühlingsgründünger (Senf)

5 Letztes Wintergemüse oder Wintergründünger (Wicke, Roggen) oder Frühlingsgründünger (Senf)

6 Letztes Wintergemüse oder Wintergründünger (Wicke, Roggen) oder Frühlingsgründünger (Senf)

7 Letztes Wintergemüse oder Wintergründünger (Wicke, Roggen) oder Frühlingsgründünger (Senf)

8 Letztes Wintergemüse oder Wintergründünger (Wicke, Roggen) oder Frühlingsgründünger (Senf)

Wicke und Roggen

Rosenkohl

Aussaat und Anpflanzung im Mai

1 Pflege und Ernte von Radieschen und den ersten Salaten

2 Pflege

3 Pflege

4 **Gemeinschaft 8** (Mais, Stangenbohne, Kürbis)

5 **Gemeinschaft 9** (Rosenkohl, Pastinake, Lauch)

6 **Gemeinschaft 10** (Brokkoli, Buschbohne, Mangold)

7 **Gemeinschaft 13** (Tomate, Blumenkohl) oder **Gemeinschaft 17** (Grünkohl, Tomate, Weiß- oder Rotkohl)

8 **Gemeinschaft 14** (Studentenblume, Paprika, Lauch)

Aussaat und Anpflanzung im Juli/August

1 **Gemeinschaft 19**
(Karotte, Speiserübe, Endivie, Zichoriensalat)

2 **Gemeinschaft 20**
(Erdbeere, Endivie, Zichoriensalat, Spinat)

3 **Gemeinschaft 21**
(Erdbeere, Winterrettich)

4 Pflege und Ernte

5 Pflege und Ernte

6 Pflege und Ernte

7 Pflege und Ernte

8 Pflege und Ernte

Winterrettich

Aussaat und Anpflanzung im September/Oktober

Je nach Klima und je nachdem, wann die Beete wieder frei werden, können die Gemeinschaften 23 bis 25 angepflanzt bzw. gesät werden.

Voraussichtlicher Ertrag in diesem Mischkultur-Gemüsegarten mit 50 m²

Gemüse	Voraussichtliche Ernte	Erntezeit
Blumenkohl	8 Köpfe	Oktober bis Dezember
Brokkoli	3 bis 4 kg	Oktober bis Dezember
Endivie	10 Köpfe	September bis Dezember
Erbse (geschält)	2 bis 3 kg	Juni bis Juli
Erdbeere	6 bis 8 kg	Folgender Sommer
Feldsalat	2 kg	Dezember bis folgender März
Grüne Bohne	6 bis 8 kg	Juli bis Oktober
Karotte	6 bis 8 kg	Juli bis Oktober
Kartoffel	4 bis 9 kg	August bis November
Kopfsalat	15 Köpfe	Juni bis Juli
Kürbis	10 bis 15 kg	Oktober bis November
Lauch	8 bis 14 kg	Oktober bis Dezember
Mais	18 bis 36 Kolben	September bis Oktober
Mangold	2 bis 3 kg	September bis Dezember

Gemüse	Voraussichtliche Ernte	Erntezeit
Paprika	4 bis 7 kg	August bis November
Pastinake	4 bis 5 kg	September bis Dezember
Radieschen	8 Bund	Mai bis Juni
Rosenkohl	1 bis 2 kg	Oktober bis März
Rucola	1 bis 1,5 kg	Juni bis September
Speiserübe	2 bis 4 kg	Oktober bis November
Spinat	1,5 bis 2 kg	September bis Dezember
Tomate	10 bis 15 kg	Juli bis Oktober/ November
Weiß- oder Rotkohl	8 Köpfe	August bis November
Winterrettich	2 bis 3 kg	Oktober bis Dezember
Zichoriensalat	3 bis 4 kg	September bis Dezember
Zucchini	6 bis 8 kg	Juli bis Oktober

Gemüseernte nach Monaten

- **Januar bis April:** nichts, außer dem im Vorjahr angebauten Gemüse.
- **Mai:** Radieschen.
- **Juni:** Radieschen, Kopfsalat, Rucola, Erbse.
- **Juli:** Zucchini, Kopfsalat, Karotte, Rucola, Erbse, Tomate (Monatsende).
- **August:** Zucchini, Tomate, Rucola, Karotte, Grüne Bohne, Kohl, Paprika, Kartoffel.
- **September:** Karotte, Spinat, Grüne Bohne, Mais, Rucola, Tomate, Kohl, Pastinake, Paprika, Kartoffel.
- **Oktober:** Mangold, Brokkoli, Karotte, Zucchini, Spinat, Grüne Bohne, Mais, Speiserübe, Pastinake, Kartoffel, Winterrettich, Endivie, Rucola, Tomate, Rosenkohl, Blumenkohl, Kürbis.
- **November:** Mangold, Brokkoli, Karotte, Kohl, Rosenkohl, Spinat, Lauch, Endivie, Zichoriensalat.
- **Dezember:** Mangold, Brokkoli, Rosenkohl, Spinat, Feldsalat, Winterrettich, Endivie, Zichoriensalat.
- **Januar bis April (Folgejahr):**

– Im Garten noch vorhandenes Gemüse: Rosenkohl, Lauch, Endivie, Zichoriensalat, Feldsalat.
– Gemüse zum Einlagern (z. B. in Erdmiete): Karotte, Knollensellerie, Speiserübe, Pastinake, Winterrettich.
– Gemüse zum Bleichen im Dunklen: Chicorée (Zichorie).
– Gemüse, das in einem trockenen Raum bei Raumtemperatur gelagert werden kann: Kürbis.

Der leckere Rucola ist im Garten ein Muss!

Gemüsegärten mit 100 m²

Ein Garten dieser Größe kann eine vierköpfige Familie vollständig mit Gemüse versorgen. Ausgenommen sind Kartoffeln zum Einlagern und Gemüse, das sehr viel Platz benötigt, wie Spargel, Artischocke oder Riesenkürbis (z. B. Hokkaidokürbis).

Wir nehmen für diesen Garten Maße von 18,20 m x 5,50 m an, und teilen diesen Garten in zwölf Beete zu je 5,50 m x 1,20 m.

Manche Beete können noch zusätzlich der Länge nach in zwei Streifen unterteilt werden und auf diese Weise zwei unterschiedliche Pflanzengemeinschaften beherbergen. Für die Neugierigen bedeutet das mehr Möglichkeiten, neue Kombinationen auszuprobieren!

Anbauplanung

Aussaat und Anpflanzung im März/April

Beete 6 bis 12: Ernte des letzten Wintergemüses und/oder Aussaat von Frühlingsgründünger (Senf).

* Wenn Gemeinschaft 6 gewählt wird, dann bis Anfang Mai warten.

Aussaat und Anpflanzung im Mai

- **Beete 1 bis 5:** keine Änderung, nur Pflege und erste Ernte
- **Beete 6 bis 12:**

6 **Gemeinschaft 8**
(Mais, Stangenbohne, Riesenkürbis)

7 **Gemeinschaft 9**
(Rosenkohl, Pastinake, Lauch)

8 **Gemeinschaft 10**
(Brokkoli, Buschbohne, Mangold)

9 **Gemeinschaft 11**
(Löwenzahn, Fenchel oder Knollensellerie, Neuseeländer Spinat)

10 **Gemeinschaft 12**
(Gurke, Tomate)
und/oder **Gemeinschaft 13**
(Tomate, Blumenkohl)

11 **Gemeinschaft 14**
(Studentenblume, Paprika, Lauch)
und/oder **Gemeinschaft 15**
(Blumenkohl, Fenchel, Lauch)

12 **Gemeinschaft 17**
(Grünkohl, Tomate, Weiß- oder Rotkohl)

Gemeinschaft 10

Aussaat und Anpflanzung im Juli/August

- **Beet 1:** Gemeinschaft 19 (Karotte, Speiserübe, Endivie, Zichoriensalat).
- **Beet 2:** Gemeinschaft 21 (Erdbeere, Winterrettich).
- **Beet 3:** Gemeinschaft 22 (Spinat, glatte Endivie, Feldsalat).
- **Beet 4:** Gemeinschaft 20 (Erdbeere, Perlzwiebel statt Endivie/Zichorie, Spinat).
- **Beet 5:** Wenn im Frühling Gemeinschaft 7 gewählt wurde, je nach Geschmack und Bedarf eine der Gemeinschaften 19 bis 22 (oder eine neue erfinden).
- **Beet 6 bis 12:** Pflege und Ernte.

Aussaat und Anpflanzung im September/Oktober

Je nach Bedarf **Gemeinschaften 23 bis 25** oder Gründünger auf den verfügbaren Beeten.

Voraussichtlicher Ertrag in diesem Mischkultur-Gemüsegarten mit 100 m²

Gemüse	Voraussichtliche Ernte	Erntezeit
Blumenkohl	9 Köpfe	Oktober bis Dezember
Brokkoli	4 bis 5 kg	Oktober bis Dezember
Endivie	13 Köpfe	Oktober bis folgender Januar
Erbse (geschält)	3 bis 4 kg	Juni bis Juli
Erdbeere	6 bis 9 kg	Folgender Sommer
Feldsalat	1 bis 2 kg	November bis folgender März
Fenchel	3 bis 4 kg	Oktober/November
Grüne Bohne	12 bis 16 kg	Juli bis Oktober
Grünkohl	5 bis 6 kg	September bis folgender April
Gurke	5 bis 6 kg	August bis Oktober
Karotte	10 bis 14 kg	Juli bis Oktober
Kartoffel	7 bis 16 kg	September bis Oktober
Knollensellerie	7 bis 8 kg	September bis November
Kohl	20 Köpfe	August bis September
Kopfsalat	30 Köpfe	Juni bis November
Lauch	5 bis 7 kg	August bis Dezember
Mais	20 bis 40 Kolben	September

Gemüse	Voraussichtliche Ernte	Erntezeit
Mangold	5 bis 8 kg	Juli bis November
Paprika	6 bis 8 kg	August bis November
Pastinake	5 bis 6 kg	September bis Dezember
Radieschen	10 Bund	Mai bis Juni
Riesenkürbis	13 bis 20 kg	Oktober bis November
Rosenkohl	2 bis 3 kg	Oktober bis folgender März
Rote Bete	4 bis 5 kg	August bis Oktober
Rucola	3 bis 4 kg	Mai bis Oktober
Speiserübe	4 bis 5 kg	September bis Dezember
Spinat	6 bis 8 kg	Juni bis Oktober
Tomate	21 bis 33 kg	Juli bis Oktober/November
Winterrettich	2 bis 3 kg	Oktober bis November
Zichoriensalat	4 bis 5 kg	September bis Dezember
Zucchini	7 bis 12 kg	Juli bis Oktober
Zwiebel	3 bis 5 kg	September bis Dezember

Gemüseernte nach Monaten

Genauso wie im Gemüsegarten mit 50 m², aber höhere Erträge (*siehe S. 99*). Zusätzlich:

- **Juni bis Juli:** Frühkartoffel, Ackerbohne.
- **Oktober bis Frühling im Folgejahr:** Zwiebel, Rote Bete.

Gemüsegärten mit 200 m² und mehr

Ein Garten dieser Größe versorgt eine Familie das ganze Jahr über mit Gemüse. Wir können hier Gemüse anbauen, die sehr viel Platz benötigen, wie Spargel oder Artischocken; der Kartoffel-, Küchenzwiebel- und Kürbisbedarf für den Winter und den folgenden Frühling wird gedeckt. Auch Erdbeeren und Himbeeren, sehr teure und empfindliche Früchte, können wir in einem solchen Garten selbst züchten.

Zu den 12 Beeten im 100-m²-Garten stellen wir uns 12 weitere Beete (13 bis 24) mit denselben Maßen vor. Natürlich sind auch andere Gestaltungsweisen möglich.

Anbauplanung

- Die **Beete 1 bis 12** können so angelegt werden wie im Gemüsegarten mit 100 m² (*S. 100–101*) beschrieben.
- Für die **Beete 13 bis 24** finden Sie rechts Gestaltungsvorschläge. Beachten Sie, dass es sich hier nur um Beispiele handelt – hier haben Sie wesentlich mehr Spielraum als im Rest des Gartens.

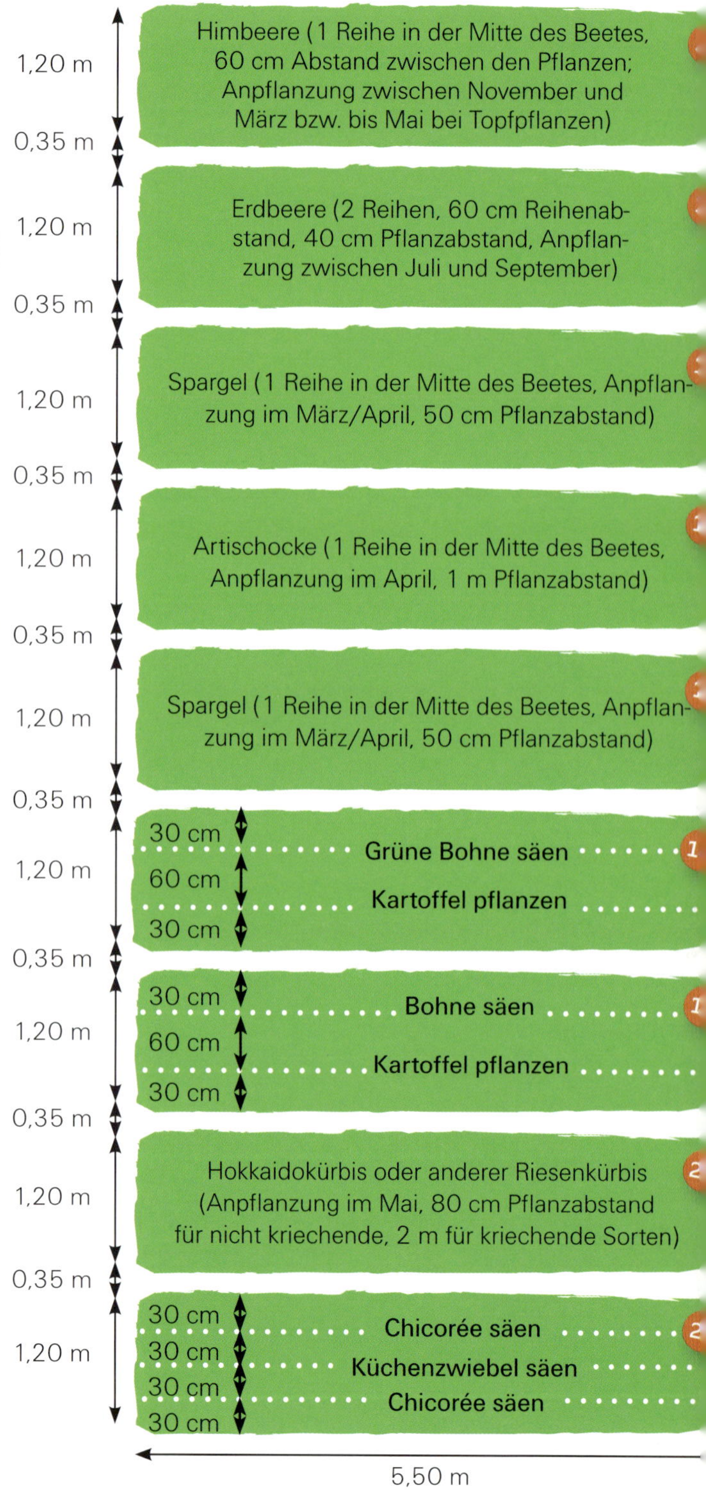

◗ **Beete 22 bis 24:**
- Weniger bekannte oder selten kultivierte Gemüse: Chayote (ein Kürbisgewächs), Portulak, Schwarzwurzel, Kardone (Verwandter der Artischocke), Kohlrabi, Aubergine;
- Gemüse, die auf anderen Beeten bereits angebaut und in der Familie sehr gern und häufig gegessen werden;
- Beeren (Rote oder Schwarze Johannisbeere, Blaubeere)

Zwiebel

Voraussichtlicher Ertrag in diesem Mischkultur-Gemüsegarten mit 200 m²

Gemüse	Voraussichtliche Ernte	Erntezeit
Beete 1 bis 12 **Alle Gemüse aus dem Garten mit 100 m²**	*Siehe S. 102*	
Beete 13 bis 22 **Artischocke**	40 bis 50 Stück	Juli bis September im ersten Jahr April bis Juni in den Folgejahren
Chicorée	10 bis 15 kg	Oktober (danach Lagerung zum Bleichen im dunklen Keller oder kühlen Raum)
Erdbeere	8 bis 10 kg	Juni bis Juli (September/Oktober für zweimal tragende Sorten)
Himbeere	4 bis 6 kg	Juli (und August bis November für zweimal tragende Sorten)
Kartoffeln (Vorrat)	30 bis 40 kg	Oktober
Küchenzwiebel	5 bis 10 kg	Oktober
Riesenkürbis	10 bis 15 kg	Oktober
Spargel	4 bis 5 kg pro Beet	Mai bis Juni
Beete 22 bis 24 **je nach Wahl**	je nach Wahl	

Gemüseernte nach Monaten

Genauso wie im Gemüsegarten mit 100 m² und zusätzlich:

- **Mai/Juni:** Spargel.
- **Juli bis September** (Jahr der Aussaat bzw. Anpflanzung) und
- **April bis Juni** (Folgejahre): Spargel.
- **November bis April** (Folgejahre): Chicorée.
- **Oktober bis Mai/Juni** (Folgejahr): Kartoffel und Zwiebel.

Erdbeeren

Schlusswort

Pflanzen in Mischkultur anzubauen, ist sicher eine der effektivsten und umweltfreundlichsten Methoden, im Gemüsegarten den Ertrag zu steigern und Schädlings- oder Krankheitsbefall entgegenzuwirken. Gleichzeitig ist sie aber auch jene Technik, die am meisten von den lokalen Boden- und Klimabedingungen abhängt – wobei einige Gemeinschaften, zum Beispiel die Kombination aus Hülsenfrüchten und Pflanzen aus den meisten anderen botanischen Familien, fast überall den gewünschten Erfolg bringen, wenn sie nur richtig angelegt werden.

Die ertragssteigernde Wirkung der Mischkultur ist nicht nur für Gärtner mit großen Flächen von Bedeutung. Ganz im Gegenteil: Gerade jene, die bloß einige (Dutzend) Quadratmeter zur Verfügung haben, weil sie zum Beispiel in der Stadt oder am Stadtrand leben, wollen aus ihrem Garten das Beste herausholen. Gerade sie haben oft auch die Einwirkung der jeweiligen Klima- und Bodenverhältnisse im Blick, wenn sie Pflanzengemeinschaften testen und beurteilen.

Wir wollen unsere Leserinnen und Leser mit diesem Buch nicht nur dazu anregen, die von uns vorgestellten Pflanzengemeinschaften auszuprobieren, sondern sie auch motivieren, sich an neue, eigene Kombinationen zu wagen. Es gibt so viele Möglichkeiten! Besonders freuen wir uns, wenn Sie Ihre Erfahrungen und Beobachtungen mit uns teilen – egal, ob Sie mit unseren Vorschlägen arbeiten oder sich an eigene Experimente wagen!

Anhang

~ Mischkultur für höhere Erträge
~ Mischkultur gegen Schädlinge und Krankheiten
~ Verzeichnis

Mischkultur für höhere Erträge

In der untenstehenden Tabelle finden Sie genaue Daten zur Ertragssteigerung in der Mischkultur im Vergleich zur Monokultur. Die Zahlen entstammen wissenschaftlichen Untersuchungen (Quelle siehe rechte Spalte), die Liste ist nicht vollständig.

Kulturen	Ertragssteigerung*	Land	Quelle
Aubergine + Catjangbohne	+ 38 bis + 63 %	Ghana	Ofon, 2005
Aubergine + Tomate	+ 20 %	Pakistan	Hossain, 2008
Basilikum + Tomate	+ 21 %	USA	Bomfort, 2004
Blumenkohl + Grüne Bohne	+ 26 bis + 31 %	Türkei	Yildirim, 2005
Blumenkohl + Kopfsalat	+ 24 bis + 36 %	Türkei	Yildirim, 2005
Blumenkohl + Mais	+ 45 %	Nepal	Khatwada, 2000
Blumenkohl + Radieschen	+ 1 bis + 10 %	Türkei	Yildirim, 2005
Blumenkohl + Zwiebel	+ 12 bis + 18 %	Türkei	Yildirim, 2005
Brokkoli + Grüne Bohne	+ 34 %	Brasilien	Santos, 2002
Brokkoli + Kartoffel	+ 27 %	Brasilien	Santos, 2002
Brokkoli + Kopfsalat	+ 47 bis + 64 %	Türkei	Demir, 2011
Chili + Fenchel	+ 15 bis + 29 %	Indien	Ahmed, 2012
Chili + Grüne Bohne	+ 49 %	Indien	Suresha, 2007
Chili + Karotte	+ 227 %	Indien	Suresha, 2007
Chili + Knoblauch	+ 55 bis + 78 %	Bangladesch	Begum, 2010
	+ 55 %	Indien	Suresha, 2007
Chili + Radieschen	+ 69 %	Indien	Suresha, 2007
Chili + Tomate	+ 38 %	Pakistan	Hussain, 2008
Chili + Zwiebel	+ 32 %	Indien	Suresha, 2007

Kulturen	Ertragssteigerung*	Land	Quelle
Endivie + Rucola	+ 76 bis + 87 %	Brasilien	Harder, 2005
Erbse + Mais	Bis + 95 %	Bangladesch	Sarker, 2013
	+ 18 bis + 37 %	China	Mao, 2012
Erdbeere + Kopfsalat	+ 90 %	Türkei	Yildirim, 2009
Erdbeere + Radieschen	+ 95 %	Türkei	Yildirim, 2009
Erdbeere + Zwiebel	+ 94 %	Türkei	Yildirim, 2009
Fenchel + Chili	+ 15 bis + 29 %	Indien	Ahmed, 2012
Grüne Bohne (Stangenbohne) + Mais	+ 66 bis + 94 %	Äthiopien	Tolera Abera, 2005
Grüne Bohne + Chili	+ 57 %	Indien	Suresha, 2007
Grüne Bohne + Fenchel	+ 130 %	Brasilien	Carvalho, 2011
Grüne Bohne + Kopfsalat	+ 44 bis + 55 %	Jordanien	Hadidi, 2011
	+ 44 %	Ägypten	Abou-Hussein, 2005
Grüne Bohne + Kopfsalat + Zwiebel	+ 81 %	Ägypten	Abou-Hussein, 2005
Grüne Bohne + Kürbis	+ 8 bis + 39 %	Jordanien	Hadidi, 2011
	+ 12 bis + 79 %	USA	Itulyia, 1980
Grüne Bohne + Mais	+ 30 bis + 75 %	Rumänien	Dusa, 2009
	+ 43 %	Sri Lanka	Sangakkara, 2012
	+ 23 bis + 48 %	Indien	Hugar, 2008
	+ 22 %	China	Qiu-Zhu, 2012
	+ 6 bis + 58 %	Südafrika	Tsubo, 2003
	+ 38 bis + 178 %	Südafrika	Kutu, 2010
	+ 15 bis + 26 %	Südafrika	Mukhala, 1999
	+ 20 bis + 50 %	Brasilien	Morgado, 2003
	+ 65 %	Bangladesch	Sanker, 2013

Kulturen	Ertragssteigerung*	Land	Quelle
Grüne Bohne + Tomate	+ 33 %	USA	Bomfort, 2006
Grüne Bohne + Zwiebel	+ 40 %	Ägypten	Abou-Hussein, 2005
Gurke + Kopfsalat	+ 31 bis + 82 %	Brasilien	Rezende, 2011
Gurke + Zwiebel	Bis + 56 %	Iran	Bolandnazar, 2014
Karotte + Chili	+ 127 %	Pakistan	Suresha, 2007
Karotte + Kopfsalat	+ 18 bis + 26 %	Venezuela	Bezerra, 2010
Kartoffel + Brokkoli	+ 34 %	Brasilien	Santos, 2002
Kartoffel + Mais	+ 36 %	Sri Lanka	Sangakkara, 2012
	+ 31 bis + 58 %	Iran	Jamshidi, 2007
	+ 38 bis + 52 %	Jordanien	Al-Dalain, 2009
	+ 31 bis + 33 %	China	Li, 2009
	+ 10 bis + 30 %	Äthiopien	Desalegn, 2012
Kartoffel + Spinat	Bis + 69 %	Bangladesch	Hashem, 1986
Kartoffel + Tomate	+ 52 %	Pakistan	Hossain, 2008
Knoblauch + Chili	+ 55 bis + 78 %	Bangladesch	Begum, 2010
	+ 55 %	Indien	Suresha, 2007
Kohl + Grüne Bohne	+ 21 %	Slowenien	Bavec, 2010
Kohl + Kopfsalat	+ 48 %	Slowenien	Bavec, 2010
Kohl + Lauch	+ 16 %	Slowenien	Bavec, 2010
Kohl + Radieschen	+ 59 %	Brasilien	Oliveira, 2005
Kohl + Rote Rübe	+ 27 %	Slowenien	Bavec, 2010
Kohl + Sellerie	+ 27 %	Slowenien	Bavec, 2010
Kohl + Spinat	+ 57 %	Iran	Amoli, 2012
Kohl + Tomate	+ 62 %	Slowenien	Bavec, 2010

Kulturen	Ertragssteigerung*	Land	Quelle
Kürbis + Grüne Bohne	+ 8 bis + 39 %	Jordanien	Hadidi, 2011
	+ 12 bis + 79 %	USA	Itulya, 1980
Kürbis + Kopfsalat	+ 4 bis + 14 %	Jordanien	Hadidi, 2011
Kürbis + Mais	Bis 50 %	Südafrika	Tembakazi, 2002
Lauch + Kohl	+ 16 %	Slowenien	Bavec, 2010
Lauch + Sellerie	+ 10 bis + 56 %	Schweiz	Baumann, 2001
Mais + Blumenkohl	+ 45 %	Nepal	Khatwada, 2000
Mais + Erbse	Bis zu + 95 %	Bangladesch	Sarker, 2013
Mais + Grüne Bohne	+ 30 bis + 75 %	Rumänien	Dusa, 2009
	+ 20 bis + 50 %	Brasilien	Morgado, 2003
	+ 22 %	China	Qiu-Zhu, 2012
	+ 6 bis + 58 %	Südafrika	Tsubo, 2003
	+ 38 bis 178 %	Südafrika	Kutu, 2010
	+ 15 bis + 26 %	Südafrika	Mukhala, 1999
	+ 43 %	Sri Lanka	Sangakkara, 2012
Mais + Kartoffel	+ 32 %	China	Li, 2009
	+ 31 bis + 58 %	Iran	Jamshidi, 2008
	+ 43 %	Sri Lanka	Sangakkara, 2012
	+ 10 bis + 30 %	Äthiopien	Desalegn, 2012
Mais + Melone	+ 78 %	Nigeria	Ijoyah, 2012
Mais + Tomate	+ 38 %	Sri Lanka	Sangakkara, 2012
	+ 64 %	Indien	Sharma, 1996

Kulturen	Ertragssteigerung*	Land	Quelle
Paprika + Catjangbohne	+ 43 bis + 63 %	Sri Lanka	Seran, 2009
Paprika + Studentenblume	+ 53 %	Indien	
Paprika + Zwiebel	Bis + 88 %	Indonesien	Sirajuddin, 1999
	+ 19 %	Sudan	Kabura, 2008
	+ 17 bis + 88 %	Nigeria, Indonesien	
Rosenkohl + Basilikum	+ 19 %	USA	Bomford, 2004
Rote Bete + Rucola	+ 26 %	Brasilien	Filho, 2003
Rucola + Endivie	+ 76 bis + 87 %	Brasilien	Harder, 2005
Rucola + Kopfsalat	Bis + 84 %	Brasilien	Barros, 2011
Rucola + Rote Rübe	+ 26 bis + 27 %	Brasilien	Filho, 2003
Sellerie + Lauch	+ 10 bis + 56 %	Schweiz	Baumann, 2001
Tomate + Aubergine	+ 20 %	Pakistan	Hossein, 2008
Tomate + Basilikum	+ 21 %	USA	Bomfort, 2006
	+ 21 %	USA	Bomfort, 2004
Tomate + Chili	+ 38 %	Pakistan	Hossain, 2008
Tomate + Grüne Bohne	+ 33 %	USA	Bomfort, 2006
Tomate + Gurke	+ 14 %	USA	Schultz, 1982
Tomate + Kartoffel	+ 52 %	Pakistan	Hossein, 2008
Tomate + Kohl	+ 62 %	Slowenien	Bavec, 2010
	+ 31 %	USA	Bomfort, 2006

Kulturen	Ertragssteigerung*	Land	Quelle
Tomate + Kopfsalat	+ 40 bis + 83 %	USA	Bomfort, 2004
	+ 57 bis + 222 %	Brasilien	Bomfort, 2004
Tomate + Mais	+ 64 %	Indien	Sharma, 1995
	+ 33 %	Sri Lanka	Sangakkara, 2012
	+ 81 %	Pakistan	Hossein, 2008
Tomate + Weinraute, Minze oder Basilikum	+ 26 % mit der Weinraute	Brasilien	Carvalho, 2010
Zwiebel + Chili	+ 129 %	Indien	Suresha, 2007
Zwiebel + Erdbeere	+ 94 %	Türkei	Yildirim, 2009
Zwiebel + Grüne Bohne	+ 40 %	Ägypten	Abou-Hussein, 2005
Zwiebel + Gurke	Bis + 56 %	Iran	Bolandnazar, 2014
Zwiebel + Paprika	Bis + 88 %	Indonesien	Sirajuddin, 1999
	+ 19 %	Sudan	Kabura, 2008

* Fläche, die zusätzlich notwendig wäre, um denselben Ertrag in Monokultur zu erhalten. (Nicht die Ertragsmengen der in Mischkultur angebauten Pflanzen werden miteinander verglichen; die Prozentangaben sind immer im Vergleich zur Monokultur zu verstehen.)

Mischkultur gegen Schädlinge und Krankheiten

Untenstehend finden Sie eine Auflistung von Pflanzenpartnerschaften, die Schädlings- und Krankheitsbefall entgegenwirken. Die Daten entstammen wissenschaftlichen Untersuchungen (Quelle siehe rechte Spalte), die Liste ist nicht vollständig.

Krankheit oder Schädling	Kulturen	Land	Quelle
Alternaria-Pilze	Tomate + Ringelblume	Mexiko	Gomez-Rodriguez, 2003
Blattlaus	Ackerbohne + Phacelia	Polen	Wojviechowicz Zytko, 2012
	Ackerbohne + Basilikum	Deutschland	Basedow, 2006
	Grüne Bohne + Mais	Kenia	Ogenga-latigo, 1993
	Kartoffel + Knoblauch	Indonesien	Potts, 2008
Falscher Mehltau, Fusariose	Gurke + Wicke	China	Feng Zhi, 2009
Kohlfliege	Blumenkohl + Klee	Italien	Hamid, 2006
Kohlweißling	Kohl + Ringelblume oder Studentenblume	Polen	Jankowska, 2013
Mottenschildlaus	Gurke + Sellerie oder Spinat	China	Zhao, 2013
Mottenschildlaus, Nematoden, Psylla-Arten (Blattsauger)	Karotte + Ringelblume oder Studentenblume	Polen	Jankowska, 2013
Nachtfalter	Tomate + Aufrechte Studentenblume	Indien	Hussain, 2007
Nematoden	Aubergine + Aufrechte Studentenblume	Indien	Dhanger, 1995
Psylla-Arten (Blattsauger), Thripse	Karotte + Zwiebel	Nigeria	Uvah, 2011
Schädlinge, verschiedene	Kohl + Klee	Niederlande	Theunissen, 2011
	Kohl + Knoblauch oder Zwiebel	Simbabwe	Debra, 2014
Thripse	Karotte + Zwiebel	Kenia	Gachu, 2012
	Grüne Bohne + Aufrechte Studentenblume	Kenia	Kasina, 2006
	Lauch + Klee	Niederlande	Den Belder, 2000
	Zwiebel + Aufrechte Studentenblume	Brasilien	Silveira, 2009
Viruserkrankungen	Paprika + Mais	Nigeria	Fajinmi, 2010

Verzeichnis